WITHDRAWN

UNIVERSIDAD DE OVIEDO / ATENEO OBRERO DE GIJON

Lecturas del texto dramático: variaciones sobre la obra de Lorca

Oviedo, 1990

Cursos de Verano 1989. Gijón

Vicerrectorado de Estudiantes y Extensión Universitaria

Vicerrectorado de Investigación

Cátedra de Teoría de la Literatura

Universidad de Oviedo

ISBN.: 84-7468-269-X

Dep. Legal: AS/1997-90

Compone, Edita e Imprime: Universidad de Oviedo. Servicio de Publicaciones.
Director: Prof. D. Ubaldo Gómez.

Diseño: Jorge Fernández León.
Edición de Inés Marful.

INDICE

PRESENTACIÓN

Después de algunos años sin cursos de teatro, volvemos en este de 1989 a organizar, dentro del marco de los Cursos de Verano de la Universidad de Oviedo en Gijón, una semana destinada al estudio teórico y al análisis de un tema teatral monográfico.

En esta ocasión, y por razones que iremos exponiendo, hemos elegido algunas de las obras dramáticas de F. García Lorca para analizarlas desde ángulos teóricos y críticos diferentes y comprobar, si es posible, su unidad de sentido y ponerlas en relación con las obras iconográficas de su autor y con las representaciones escénicas y las versiones cinematográficas que se han realizado de algunas obras.

Partimos de una hipótesis inicial que condicionó, hasta cierto punto, la elección del autor y del tema; García Lorca es un autor polifacético, creador de obras de teatro, de pintura, de música, escenógrafo; nos parece que ha repetido bajo formas de expresión diversas unos motivos que remiten directa o simbólicamente a conflictos psíquicos y vitales planteados en relaciones dramáticas o en figuraciones plásticas. La hipótesis, que fue mantenida por el idealismo crítico y por la estilística, acerca de la unidad esencial del arte, nos llevó a un punto de partida bien concreto: la posibilidad de descubrir un sentido constante bajo expresiones artísticas diferentes de un mismo autor; el texto literario y el texto espectacular de las obras dramáticas, los temas repetidos de las obras iconográficas, los motivos de poemas líricos, etc., podían leerse como formas recurrentes de un sentido único. Y en contrapunto planteamos la posibilidad de descubrir una distorsión del sentido de las obras al ser manipuladas, para su escenificación o para su versión cinematográfica por directores de teatro o de cine, como podía ser el caso de *Bodas de sangre* o *La casa de Bernarda Alba*.

Un marco general de análisis del lenguaje, tal como desde una teoría hermenéutica lo presenta C. Castilla del Pino, sirve de apoyo para pasar de la palabra al sujeto, del discurso al hablante, de la obra al autor; en él tienen cabida los estudios sobre los usos representativos o simbólicos del lenguaje ordinario, los análisis sobre el discurso literario, y también la posible interpretación de los signos no verbales que aparecen en escena, en el cuadro, en la película, tanto los visuales como los auditivos.

Los trabajos que siguen tienen en cuenta el amplio marco de referencias que diseña el *Modelo hermenéutico*, aunque se concretan en obras y en temas puntuales.

La lectura psicocrítica que realiza I. Marful Amor de las obras del primer teatro de Lorca muestra cómo el cuadro estructural de los actantes se repite una y otra vez en varias obras con desdoblamientos del protagonista masculino en dos figuras; la de un varón edípico y un varón viril que viven un conflicto planteado invariablemente a propósito de las relaciones con la mujer protagonista. El desdoblamiento de personajes resulta sorprendentemente paralelo al que tienen las figuras de pierrots y arlequines de doble faz en las pinturas de Federico García Lorca: una cara sonriente, o al menos tranquila, en primer plano, y otra, que parte del mismo cuello, se sitúa detrás y generalmente está llorando lágrimas de sangre que caen sobre un cáliz. F. Cao sitúa en una tradición, y a la vez en la vanguardia artística, los temas y las formas de la iconografía lorquiana, y resulta que el conflicto entre la apariencia y la realidad íntima, o entre la conducta social y el sentimiento personal profundo, que puede *leerse* en las figuras, es el mismo que se había advertido en las obras dramáticas.

Y si de los esquemas estructurales pasamos a los discursos, podemos igualmente comprobar que los símbolos que dan materia a las escenas de las obras dramáticas son los mismos que una y otra vez pueden encontrarse en los dibujos de Lorca: los peces rojos, el caballo, los animales apocalípticos, la luna, el rayo castigador, etc.

Una lectura semiológica de *Yerma*, centrada en la interpretación del personaje femenino como desdoblamiento del masculino, se inserta también en esa posible unidad de sentido. Yerma y Juan pueden considerarse como principio femenino y principio masculino de una sola persona; en la anécdota de la tragedia de Lorca luchan entre sí en una relaciones de pareja que tiene y busca fines bien diferenciados: Yerma ansía un hijo, Juan quiere solamente la tranquilidad de la vida cotidiana placentera. El principio femenino, en una trayectoria dramática que no incluye cambios, pero sí una intensificación de la tensión, llega a no poder soportar el "amor sin fruto", y en una exasperada escena que parece incomprensible mata al hombre, y con él al hijo, a la posibilidad de su hijo.

Sin embargo, el conflicto planteado con los desdoblamientos no puede cerrarse con la desaparición de uno de los personajes; es un problema que sigue abierto en carne viva y, por tanto, seguirá presente en forma recurrente en las tragedias posteriores.

Y efectivamente volvemos a encontrarlo abierto, y justo en el punto en que lo deja "Yerma", en *La casa de Bernarda Alba*, en la que ya sólo quedan mujeres. Yerma ha matado al hombre, Bernarda lo aparta de sus hijas, o intenta apartarlo, con una decisión que no sirve para solucionar nada y origina la misma tragedia tomada desde otro ángulo. Alguien ha dicho que el escritor concibe sus novelas, sus dramas o sus poemas como variantes sobre un tema único, y en el caso de Lorca así parece.

M. Cueto Pérez identifica en *La casa de Bernarda Alba* las formas concretas en las que el espacio dramatiza una situación, que cada vez se hace más insoportable, de relaciones entre mujeres solas. Bernarda intenta imponer un equilibrio familiar que es imposible y que solo se mantiene en apariencia y durante un tiempo corto; la proyección de un conflicto latente se deja sentir en un diálogo que se manifiesta tenso, a veces estridente, entre las hermanas, que es siempre autoritario y desesperado con las hijas, y que alcanza el absurdo con María Josefa al renunciar a la razón moderadora de impulsos e instintos. La tensión así analizada se trasluce con efectos de luz y de movimiento en los espacios escénicos cada vez más interiorizados en la casa, que reproducen el espacio psíquico en el que se sitúan los personajes a medida que avanza el drama. La oposición "dentro/fuera", planificada dialécticamente en la alternativa "sumisión/libertad", no puede resolverse textualmente si no es con la muerte, esta vez de la mujer. Pero tampoco quedará resuelto el problema de fondo: la tragedia de Federico García Lorca es inacabable.

La posibilidad de comprobar con las versiones cinematográficas la alteración que sufre el sentido general de los dramas de Lorca, es realizada de modo inmediato por J. Bolado en los análisis de *Bodas de sangre* y de *La casa de Bernarda Alba*.

Bodas de sangre se desliza hacia un tema extraño a la obra, el de "teatro en el teatro", en la versión que ha hecho Saura. La belleza visual es indudable al presentar los símbolos de muerte: las navajas, el gesto de las caras, el movimiento de cámara que consigue primeros planos espaciales y temporales dándoles mayor amplitud o más tiempo. Quizá estas posibilidades de intensificación de los símbolos que tiene la expresión cinematográfica distraen del sentido profundo del drama y diluyen el planteamiento trágico del enfrentamiento entre el varón edípico y el viril que constituye el cuadro de personajes constante en el teatro lorquiano.

La versión de "Bodas de sangre" de S. ben Barka deriva hacia el tipismo andaluz en detrimento de la fuerza trágica y universal del texto dramático.

J. Bolado habla con razón de "una mirada" sobre el espejo y dos interpretaciones o lecturas de una misma obra.

La lectura de los artículos incluidos en este volumen pueden testimoniar la tesis que, en principio, habíamos propuesto como mera hipótesis de trabajo.

Las conferencias aquí reunidas para su publicación son las pronunciadas a lo largo de la Semana de teatro organizada por los Cursos de Verano de la Universidad de Oviedo. Fueron ilustradas con la proyección de las películas estudiadas, *Bodas de sangre* (dos versiones), *La casa de Bernalda Alba*, y el corto de Buñuel *Un perro andaluz*. Los alumnos del *Instituto del Teatro y de las Artes escénicas del Principado de Asturias*, que dirige D. Santiago Sueiras, pusieron en escena dos realizaciones del diálogo Yerma-Juan del Acto I, Cuadro II: una de ellas en perspectiva "realista", otra concebida como un *recuerdo* de Yerma cuando, desenlazada la obra, se supone que está en un manicomio. La idea de esta segunda realización es original de D. Etelvino Vázquez, director de la compañía *Teatro del Norte*, y resulta sorprendentemente paralela a la lectura que propone el análisis semiológico, es decir, la unidad actancial de Juan y Yerma.

La Compañía *Teatro del Norte* puso también en escena el *Retablillo de don Cristóbal,* y recitó romances de Lorca.

La *Fundación Federico García Lorca,* a cuyo director, D. Manuel Fernández-Montesinos García agradecemos su intervención, el Ayuntamiento de Gijón y el Museo Casa Natal Jovellanos, permitieron organizar, por las fechas del curso, una exposición de los dibujos originales del poeta, cuyo estudio era necesario para confirmar las hipótesis que habíamos sugerido. Algunos de esos dibujos ilustran este volumen para confirmar las tesis a que se llegó con la concurrencia de los críticos literarios, los críticos de arte y de cine o teatro.

Queremos agradecer al Vicerrector de Estudiantes y Extensión Universitaria, D. Julio Rodríguez, y al Director de los Cursos de Verano de la Universidad de Oviedo, D. Moisés Llordén, el interés con que acogieron el proyecto del Curso y las facilidades que en todo momento prodigaron para su realización.

También queremos mostrar nuestro reconocimiento al Vicerrector de Investigación, D. Santiago Gascón, y al Director del Ateneo Obrero de Gijón, D. José Bolado, por su ayuda a la edición.

Mª Carmen Bobes

ANÁLISIS DEL LENGUAJE:
MODELO HERMENÉUTICO

Carlos Castilla Del Pino

0. MODELO HERMENEUTICO: JUSTIFICACION

El modelo que pretendo exponer en las líneas que siguen lo he denominado modelo hermenéutico del lenguaje (1972). Igualmente podría decirse modelo hermenéutico de la conducta, puesto que el lenguaje, la actividad lingüística, es una forma de conducta, la más diferenciada, pero sujeta, naturalmente, a las mismas leyes de la conducta en general. Con algunas especificaciones, este modelo, pues, debe poder aplicarse también a la conducta extraverbal.

Que se denomine hermenéutico deriva de la tesis siguiente: la conducta es predicado de un organismo al que, en ese nivel de actividad que denominamos conducta, es preciso calificar de sujeto: posee reflexividad (se hace objeto para sí mismo). El que la conducta sea predicado entraña que el sujeto debe ser inferido desde dicha conducta, pues no tenemos acceso directo al sujeto de ninguna de las maneras, y sólo el sujeto tiene acceso a sí mismo (precisamente a expensas de la reflexividad a que he hecho mención). Por consiguiente, se ha de interpretar la conducta para tratar de detectar quién es el sujeto de la misma. Esta es la misión del psico(pató)logo, pero también lo es de cualquiera que procede a una interacción: es a expensas de las connotaciones que formula respecto de la conducta del sujeto que la verifica como decide su modo de relación con él. Pongamos el ejemplo de la mirada: alguien, A mira a alguien, B. Es inútil que B trate de constatar el sentido, intencionalidad o significado -son formas distintas de decir prácticamente lo mismo- de la mirada de A: no puede hacer otra cosa que conjeturarla (hipotetizarla). No obstante, es a expensas de esta hipótesis de B sobre A cómo B organiza su respuesta. Esta hipótesis es precisamente la interpretación, la hermenéutica de B sobre la conducta de A. Toda interpretación -esta es una tesis derivada- es, pues, hipotética, y sólo posee de verificable lo que se apoya en datos denotables; el acto de mirar, en el ejemplo antes aducido.

1. DEFINICION DE SUJETO

El sujeto (S) es, por consiguiente, una inferencia -¡no una deducción!- del hermeneuta a partir de la conducta que se denota. la definición de S es como sigue: el conjunto *(set)* o sistema del que derivan las conductas hechas, que se hacen o que han de poder hacerse. Esta definición prejuzga que el S como sistema es predictible estocásticamente (probabilística-mente), en virtud de la redundancia de las conductas previas. Ni sobre la conducta ni sobre el S es factible una desambiguación total.

2. CONDUCTA: ACTO, ACTUACION

La conducta comprende actos y actuaciones. Los actos de conducta (aC) son patrones de relación del S con los objetos (Ob) (inanimados, animados: no humanos, humanos). Se formula así:

[1] aC = S/Ob.

Las actuaciones (aCt) son aC cualificados, modalizados para un contexto (Cx) deter-minado. Si el aC es un acto de relación, la aCt es un acto de comunicación, que se formula así:

[2] aCt = Cx (S/Ob).

Y si el S, en virtud de su reflexividad, se relaciona consigo mismo, entonces el Ob es S.

[3] Cx (S/S)

Todo aCt es un proceso que consta de dos partes: la que tiene de *denotatum* y la que tiene de *connotatum*. El significado denotativo (Leach) es escasamente relevante frente al connotativo, que es, en realidad, un conjunto de significados y no uno solo (sobredetermina-ción, en el sentido de Freud); es decir, frente a la interpretación que del *denotatum* se verifi-ca, interpretar es dar cuenta del tipo de comunicación que tiene lugar *tras* la relación. Como he dicho antes, la interpretación es conjetura, hipótesis. De aquí la ambigüedad de todo pro-ceso intercomunicativo.

3. CONDUCTA: PROPOSICION. INDICATIVA Y ESTIMATIVA

Una aCt es, por tanto, una proposición de un S, una preferencia,, una propuesta que se formula en términos lingüísticos (verbales o extraverbales), que, en tanto denotable, contiene un componente indicativo (una Indicativa, I), y en tanto connotable posee el componente que hace posible la modalización de la misma, una estimativa (Estimativa, E). Por consiguiente, la fórmula [2] se preescribe de esta manera:

[4] E (I/I')

Y el S entonces es formulable de este modo:

[5] S = { E (I) }n

esto es, como un sistema que establece constantemente relaciones cualificadas (comunicaciones) con los Ob.

Y como los Ob son externos -empíricos- o internos -imágenes conceptos, etc.-, la formulación anterior se desarrolla de este modo:

[6] S = { E (eI, iI) }n

Recordemos que el núcleo básico de la gramática de frases de Chomsky es el siguiente:

[7]   O = SN + SV

        SV = V + SN

luego,

[8] O = SN + v + SN

que puede reescribirse así:

[9] O = v (SN + SN)

4. NOTA SOBRE EL DISCURSO

El S es, pues, un sistema generador de proferencias que se resuelven en I y E, merced al cual convierte la relación en comunicación con otros S, sistemas asimismo de proferencias y propuestas lingüísticas. Por tanto, el discurso (D) puede analizarse en su nivel microestructural a través del análisis de las proposiciones I y E, que voy a exponer seguidamente. Posteriormente haré una exposición de la analítica macroestructural del D.

5. INDICATIVAS

Como se ha dicho antes, la formulación del proceso de denotación responde en el discurso a la proposición indicativa (I). Las I informan, dan cuenta del mensaje, y, por tanto, dan cuenta de la relación del S con los Ob que componen la realidad (empírica o externa e interna). De aquí que las I puedan concebirse como expresión del juicio de realidad del S (aplicación del modelo judicativo). Dicho de otra forma: las I predican del juicio de realidad del S que denota. Pero al mismo tiempo, en la medida en que las I dan cuenta de la selección perceptual que el S hace sobre la realidad, connotan del mismo en orden, cuando menos, a su opción por determinado subconjunto en el conjunto que compone la realidad.

5.1. TIPOS DE INDICATIVAS

Las I son tipificadas según los criterios siguientes:

1) totales (dan cuenta de un contexto)

2) parciales (dan cuenta de partes de un contexto)

3) externas (referidas a contextos empíricos)

4) internas (referidas a contextos internos)

5) verdaderas

6) falsas

7) indecididas (ni verdaderas ni falsas)

5.1.1. SUBFUNCIONES DE INDICATIVAS

Una I da cuenta, a su vez, de modo explícito y las más de las veces implícito, de las siguientes subfunciones que el S lleva a cabo en el proceso denotativo. Son estas:

1) diacriticidad (distinción preliminar y necesaria de iOb y eOb) (d)

2) estructuración (denotación de la forma -movimiento/reposo, dimensiones, distancia, color, peso, etc.- del Ob) (et)

3) identificación del Ob (g)

4) denominación del Ob (n)

5) espacialización del Ob (e)

6) temporalización del Ob (t)

De este modo una I es Iv si y sólo si todos sus predicados son v. De manera que

[10] Iv = I [d, et, g, n, e, t] v

de la que se deriva el que una I es If si y sólo si uno, dos, tres, cuatro, cinco o los seis predicados de la I son f. Lo cual posibilita criterios de falsabilidad matizados y cualificados.

Me referiré a continuación muy brevemente a sólo algunos predicados del proceso de denotación que me parecen más importantes, remitiendo al lector a trabajos especializados para mayores especificaciones.

5.1.2. EL PREDICADO DE DIACRITICIDAD

Una denotación, una indicación, es tanto más lograda cuanto más se completa mediante la veritatividad de sus seis predicados. De todos es sabido, por ejemplo, la importancia del denominar, no hablemos de la identificación de un Ob. Ahora bien, el predicado diacrítico (d) es fundamental por cuanto decide la pertenencia del *denotatum* a los iOb o los eOb, algo que se aprende a lograr a partir de una cierta edad, y que, fallido, convierte al juicio de realidad en un juicio psicótico. Una alucinación, por ejemplo, no es, como se ha definido tradicionalmente, "percibir lo que no hay", sino denotar como externo lo que es un *denotatum* interno.

5.1.3. EL PREDICADO GNOSEOLOGICO

Es el predicado de identificación del Ob. Sabemos que el Ob x es el que es. El fracaso del mismo deriva en agnosia. Pero me importa sobremanera llamar la atención sobre el rango privilegiado que ocupan los iOb: al ser del S, éste no puede desconocerlos, y el sintagma "no sé" aplicado a ellos oculta el "no quiero saber".

5.2. HERMENEUTICA DE LAS INDICATIVAS

Las I dicen del S lo siguiente: 1) qué realidad denota; 2) cómo la denota. O dicho de otra forma; 1) con qué realidad se relaciona, o qué realidad selecciona, o qué realidad se construye; y 2) cómo ha verificado la construcción de la realidad que denota.

6. ESTIMATIVAS

¿De qué depende que la relación S/Ob adquiera el carácter de una relación interpersonal, es decir, de S/S', incluso aunque el Ob sea inanimado? Con otras palabras: ¿cómo es posible que la relación S/Ob adquiera un carácter singularizado?

Una teoría de la aCt debe dar cuenta de la idiolectización o singularidad de las aCt, aun en el supuesto de que se trate de una cadena de aCt tal como las que componen un discurso bien formado (Obf). Mas lo interesante es que la mayoría de nuestras secuencias de aCt componen un discurso mal formado (Dnbf = discurso no bien formado). Los aspectos señalados por Wunderlich (memoria limitada, inatención, modificaciones del interés por el referente, lapsus, práctica en la acción y en la actuación, horizonte de experiencias, obstáculos psicosociales, fingimiento, expectativa de roles en la situación de diálogo, posibilidades de cooperación con acciones extraverbales y posibilidades de acción en el contexto), con ser importantes, son, por decirlo así, circunstanciales. El factor que, empero, adquiere categoría fundamental, porque está presente siempre, es la proyección del S en la realidad de la situación que denominamos Contexto (Cx). De otra forma, en la pre-judicación que el S lleva a cabo sobre los componentes de la realidad situacional. Pre-judicación no en el sentido de los prejuicios sociales, actitudinales, etc., sino en la derivada del aprendizaje que conlleva la experiencia previa. Pre-juzgamos a partir de los juicios precedentes. Así surge la Estimativa (E) como expresión de la índole o modo de relación constituida por el S ante el Ob. Lo que quiere decir que existen E previas a la I. Y, en efecto, el S no es un sistema neutro, sino que está ya constituido por E (I) preexistentes, resultado de sus aCt.

Las E, pues, dan cuenta del modo de relación estatuido por el S con el Ob. En el proceso comunicacional son el metamensaje. (Es quizá ocioso decir que los Ob de la relación no son sólo eOb, sino también iOb, en cuyo caso, como podrá deducirse, se trata de relaciones modales del S consigo mismo, es decir, S/S).

6.1. TIPOS DE ESTIMATIVAS

Por la I que cualifican:

> totales
> parciales

Por la veritatividad:

> verdaderas
> falsas
> indecididas

Los predicados de las E son tres; diacrítico (d), gnoseológico (g) y nominal (n).

El S de la estimación se conduce certeramente si considera la E parte de sí y no propiedad de la I, es decir, del Ob; si sabe identificarla y si sabe denominarla.

6.1.1. ALGUNAS NOTAS ACERCA DE LAS Ef

Las Ef por su diacriticidad (End) conllevan la existencia de prejuicios que van desde este extremo hasta el del delirio; las Eng muestran que el S se niega a saber sobre sus actitudes respecto del Ob, esto es, niega algunas parte de sí mismo.

6.2. CATEGORIA LOGICA DE LAS ESTIMATIVAS

Si las I son miembros de un conjunto o clase, la E es precisamente la que confiere el rango de clase a las I que incluye. Los adjetivos bueno, malo, bello, feo, etc. son denominaciones subjetivas de clase (la clase de los objetos buenos, malos, etc.). Por eso, las E *clasifican* a las I, y pueden hacerlo de forma cruzada, en redes complejas. Un ejemplo: el sujeto P es de la clase de los bellos y de los antipáticos y de los avaros y de los piadosos. Las E son, por tanto, functores de las I.

Aunque por lo general las E se profieren después de las I, en el genotexto están antes de las I. Señalemos, además, que las I pueden ser re-clasificadas: si de antemano se las hizo entrar en la clase X, posteriormente se las puede sacar de la misma y hacerlas entrar en la clase Y.

Si las E son, en última instancia, subjetivas, quiere esto decir que son partes del S. Por eso, las E no son predicados del Ob sino del S. Así, la expresión "este cuadro es horrible" puede reescribirse así: "hay un S cuando menos del cual puede decirse que tiene la propiedad de estimar horrible el cuadro este".

7. GRUPOS ALORACIONALES

Además de las proposiciones I, E, que hemos mencionado, en el D se ofrecen sintagmas que el S incrusta para demarcar entre un D y un subdiscurso, o bien poseen el rango de unas E sobre el S mismo. Estos G. Al. se ofrecen como "bueno, vamos a ver", "¿qué diría yo aquí?", y análogos.

8. METODOLOGIA

El análisis hermenéutico en esta fase de análisis microcomponencial, ha de hacerse siguiendo una serie de pasos. He aquí la que de momento seguimos en nuestros análisis de discursos del tipo que sean:

1) Demarcación del D y subdiscursos.
2) Precisión de las I y construcción del árbol de las mismas.
3) Adición de las E que cualifican a las I respectivas.
4) Atención a las conectivas, y determinación de la funcionalidad pragmática de las mismas.
   4.1.) Lexematografía: atención a la semántica de los lexemas en el contexto concreto del D.
5) Determinación de los G. AL. y atención a la doble funcionalidad de los mismos.
6) Secuencia lineal mediante parentizaciones.
7) Determinación de coeficientes.
   7.1) de realización: Iv/If
   7.2) de totalización: It/Ip.
   7.3) de totalización real: Ivt/Ivp.
   7.4) de totalización irreal: Ift/Ifp.
   7.5) de valoración: Ev/Ef.

7.6)   de valoración total: Et/Ep.

7.7)   de valoración real: Evt/Evp.

8)   1ª re-lectura a expensas de 2, 3, 4 y 5.

9)   2ª re-lectura de identificaciones primaria y secundaria.

10)   3ª re-lectura, metalingüística y metapsicológica.

9. ESTRUCTURA MACROCOMPONENCIAL: EL DISCURSO

En los últimos cinco años aproximadamente, tras la investigación emprendida en el análisis microcomponencial, hemos atendido al discurso en su totalidad. El análisis del D puede llevarse a cabo aún sin haber atendido al microcomponencial, pero se ha de advertir que, para muchos usos, éste es indispensable. Así, p. ej., los rasgos de un discurso como pertenecientes a discurso psicótico y de un psicótico no se detectan en los macrocomponentes sino en los microcomponentes.

No hablamos de texto sino de discurso. No hacemos, como se verá, sinónimo discurso de texto (como lo hacen muchos autores, especialmente alemanes, que poseen una sola palabra para ambos). El D es una unidad superior de carácter sígnico en la que el texto soporta el tema. El discurso es, pues, la relación Tx/Tm. El D es un proceso que se despliega diacrónicamente.

Por otra parte, por razones prácticas hablamos de discurso; pero en teoría no hay discurso sino co-discurso. Todo D es un constructo dual (aunque cada uno de los actantes sea plural).

9.1. LOS DOS PRINCIPIOS BASICOS DE LA DISCURSIVIDAD

La función del D es el logro del proceso comunicacional. Para ello el D ha de ajustarse a estos dos principios básicos:

1) de *textualidad:* todo D ha de ser concordante para que la función relacional sea factible.

2) de *tematicidad:* todo D tiene que ofrecerse coherente en su expansión temática para que la intensión del D componga el tema que se trata de informar-comunicar.

9.1.1. 1º TAXONOMIA DE LOS DISCURSOS

El cuadrado semiótico ofrece estas cuatro posibilidades de D en esta primera aproximación:

+ concordante + coherente

+ concordante - coherente

- concordante + coherente

- concordante - coherente

9.2. EL PROCESO DISCURSIVO

El proceso discursivo se genera desde un autodiscurso (Genotexto en la terminología de Kristeva) a un alodiscurso (Fenotexto, en dicha terminología). La planificación concierne al autodiscurso; el formato, al alodiscurso.

El proceso se desenvuelve en tres etapas:

$$\text{introducción} \longrightarrow \text{meseta} \longrightarrow \text{final}$$

Se puede hacer entrar consideraciones más sutiles, atendiendo a la existencia de marcadores peculiares, y la introducción, meseta o final, cada una de por sí, tripartirse en introducción, meseta y final.

El proceso discursivo aparece entonces como un proceso homeorhético que se inicia con una fuerte entropía y culmina, en el mejor de los casos, con una disminución notable de la misma en forma de homeostasis.

Hemos establecido una constante, k, resultado del producto del Autodiscurso y Alodiscurso, de esta forma:

[11] Autod * alod = k

lo que significa que a mayor incremento del primero mayor decrecimiento del segundo y a la inversa. Esta fórmula es identificable con esta otra:

[12] Entropía * Información = k

9.2.1. PLANIFICACION Y FORMATO DEL DISCURSO

Concierne a la textualidad y tematicidad, respectivamente.

Por lo que respecta a la textualidad, el D se muestra (o no) clausurado e integrado. La clausurabilidad se refiere a la rotulación de las partes del D (introducción, meseta, final). La integración, a la proporcionalidad entre las partes. En este sentido, una ulterior taxonomía de los D es la que sigue:

+ clausurado + integrado

+ clausurado - integrado

- clausurado + integrado

- clausurado - integrado

Por lo que respecta a la tematicidad, el D ha de mostrarse (o no) lineal y jerarquizado. La linealidad afecta al mantenimiento del tema con un coeficiente de elasticidad de tal cuantía que permita su despliegue y su recepción. La elasticidad está en función de la redundancia y también de la predictibilidad. Un D lineal puede permitirse la elasticidad suficiente como para ser predictible en virtud de la redundancia de los elementos que se enuncian. La jerarquización alude al hecho de que el Dbf debe rotular la jerarquía de temas y subtemas en el proceso discursivo. La taxonomía que se deriva es la siguiente:

+ lineal + jerarquizado
+ lineal - jerarquizado
- lineal + jerarquizado
- lineal - jerarquizado

9.3. TABLA TAXONOMICA CONJUNTA

Es fácil construir una tabla en la que figuren todos estos rasgos discursivos para situar las variantes de los Dnbf.

Es fundamental subrayar que, en nuestro criterio, tales rasgos resultan del uso, correcto o incorrecto, de factores reguladores del proceso discursivo, de modo que un Dnbf revela el fracaso de un (o más de uno) factor regulador, dando lugar a lo que he llamado catástrofes discursivas. Los rasgos discursivos, pues, muestran aquellos factores que se han de poner en juego para regular el proceso discursivo de forma tal que se aproxime a un Dbf.

9.4. DISHOMEORHESIS: CATASTROFES DISCURSIVAS

Si fracasan los factores reguladores de la discursividad surgen las catástrofes discursivas, en cuyo estudio estamos ahora. De entrada señalaré que las disregulaciones van desde el bloqueo a la regresión, la circularidad, la bifurcación; en suma, las catástrofes discursivas no llevan a la anarquía del proceso, sino a formas determinadas que resultan de las desviaciones subsiguientes al fracaso de uno o más de uno de los factores reguladores citados.

10. EL PROCESO CODISCURSIVO

Todo D se genera en un Cx y hace referencia al Cx; por eso, Jakobson hablaba del Cx como referencialidad. Cada componente del D posee un factor de contextualización, de mayor o menor cuantía, re-marca el Cx en el que el D se desenvuelve. Cuanto más contextualizado es un D tanto más linea. Por eso, a lo largo del D se detectan sememas contextuales que rotulan el Cx, de acuerdo a la fórmula siguiente:

[13] [Cx (S/Ob)] bf

De todas formas, esta fórmula señala simplemente la regla de oro a la cual tiende a aproximarse cualquier D que aspire a ser un ODbf:

Hay en los sememas contextualizadores unos que tienen una contextualización fuerte, otros débil, así como deixis contextualizadoras explícitas e implícitas. El coeficiente de contextualidad es aquel que se obtiene de la relación rigidez/versatilidad.

He diferenciado en mis trabajos analíticos del D varios tipos de sememas contextualizadores:

1) los estabilizadores (que tratan de mantener el Cx en sus límites prefijados)
2) los restrictivos (tratan de constreñir el Cx dado inicialmente)
3) los amplificadores (pretenden ampliar el Cx y dar lugar a reglas más laxas)
4) los ruptores (rompen el Cx por la intromisión de aCt que hacen imposible la continuidad del proceso discursivo inicial).

Las catástrofes en la contextualidad son de dos tipos: reversibles e irreversibles.

Finalmente, cada aCt, por lo que concierne a su función contextualizadora, puede ser:

hiperadecuada (se impone a sí mismo reglas más ajustadas que las que sugiere el Cx)

adecuadas (se ajusta a las reglas)

hipoadecuadas (se sitúa en el borde las reglas de adecuación)

inadecuadas (no se ajustan a las reglas del Cx).

11. CONSIDERACIONES FINALES

El análisis microcomponencial puede preceder o seguir al macrocomponencial, o pueden hacerse separadamente el uno del otro, según los intereses del analista. La utilidad de estos análisis estriba en que permiten la objetivación de las modificaciones y/o perturbaciones del D, sin entrar a considerar si al propio tiempo se tratan de modificaciones y/o perturbaciones del pensamiento. Permite ciertas inferencias al respecto -relación pensamiento/lenguaje-, pero se mantiene esforzadamente en el nivel observacional. La teoría explicativa de los datos obtenidos tras el análisis hermenéutico del lenguaje componen la hermenéutica del lenguaje (o de la conducta como lenguaje), es decir, del S del lenguaje.

TRADICIÓN Y ORIGINALIDAD EN LA ICONOGRAFÍA LORQUIANA

Francisco Cao

El presente estudio tiene por objeto plantear un acercamiento a la iconografía de Federico García Lorca, creador inmerso en la vanguardia artística de su época pero en estrecha relación con presupuestos conceptuales de carácter tradicional y personal.

Trataremos de analizar algunos de aquellos temas del mundo lorquiano más interesantes, susceptibles de ser interpretados desde presupuestos simbólicos distintos, pero en muchos casos convergentes.

Las carencias bibliográficas sobre el tema, extensibles al análisis de la iconografía de las vanguardias plásticas en general, nos sitúan en una posición precaria que unida a la extensión propia del trabajo que nos ocupa, aconsejan plantearlo como un compendio de sugerencias.

La producción plástica de Federico, bastante tardía respecto del resto de sus actividades creativas, resulta extraordinariamente coherente a pesar de su complejidad. Su creación literaria explica y matiza algunos aspectos de su plástica y ésta, a su vez, aporta elementos válidos para conocer entresijos del soporte escrito. El mismo mundo imaginario aparece en ambos soportes, pero cada uno de ellos, como tales, condiciona el contenido definiéndolo.

Aceptada ya la fecha de 1929 propuesta por L. García de Carpi (1986: -172-182) como línea divisoria entre una producción anterior ligada a formas ingenuas e infantiles y temas populares, y otra posterior dentro de presupuestos surrealistas, hemos de señalar que tal evolución forma parte de un talante único y lógico.

Aunque Federico en algunos momentos quiere desligarse explícitamente del quehacer surreal, en otros especifica una fórmula de trabajo vinculada al automatismo, elemento definitorio, como sabemos, del Surrealismo. No obstante, el poeta valora positivamente este movimiento y así lo manifiesta en el único discurso que se le conoce sobre arte, "Sketch de la nueva pintura". Este texto, dentro de un tono didáctico, compendia de forma clara buena parte de sus ideales estéticos en el mundo de la plástica, absolutamente coherentes con la evolución personal de su obra.

Destaca, sobre todo, el rechazo de la pintura mimética decimonónica, la crítica de la pintura impresionista y el acercamiento a la realidad con intenciones de reproducción. Apoya formulaciones de algunos de los movimientos vanguardistas, especialmente del Cubismo, criticando, aunque en tono condescendiente, el carácter literario del Futurismo y la impotencia de la furia Dadá como movimiento de ruptura.

Este interés por el arte como acto "... puro, desligado de la realidad", para llegar a fórmulas que apelan al primitivismo y al mundo *incontrolado* de los *Sobrerrealistas,* en sus mismas palabras, hace coincidir dos de los ejes que vertebran su evolución plástica: lo popular ligado a lo primitivo y a las formas de creación puras de los desequilibrados y de los niños, y por otro lado el Surrealismo que rescata y predica las fórmulas anteriores.

Lorca en sus valoraciones estéticas, que destacan a artistas como Cezanne, Picasso, Miró, Gris, o De Chirico (con premisas diferentes para cada uno de ellos) insiste en el interés por la arquitecturización volumétrica de la obra plástica por encima de la mancha de color indefinida. Con esta opinión está reafirmando su posición de dibujante.

Teniendo en cuenta la precaria situación que vive España en el mundo del arte respecto a países como Francia, Alemania o Italia, aquellos representantes y promotores de la Vanguardia han de ser considerados como personas de gran valor (Brihuega, 1981). Federico ha de ser analizado como un creador de vanguardia, hombre moderno y renovador que recrea dentro de su mundo personal temas heredados, comunes, en muchos casos, al ambiente artístico general.

En ocasiones utiliza estilemas de algún artista concreto, como por ejemplo los ojos almendrados del Picasso negrista en algunos de sus personajes de primera época. Otras veces participa de preocupaciones formales cubistas como en la obra de 1927-28 *Arlequín ahogado* y más raramente expresionistas, como se puede apreciar en dos paisajes realizados entre 1924 y 1925, *Camino y bosque* y *Bosque,* donde la distorsión espacial y el valor expresivo del color con intenciones subjetivas se convierten en protagonistas de la obra. Por otra parte, algunos de los elementos que definen su plástica primitiva inicial, ingenua y popular, nos hablan de un mundo Naïf que tiene como precedente al *Aduanero* Rousseau, tan valorado por los surrealistas. Joan Miró, a quien Federico rindió devoción, también participó en este universo naïf. Finalmente, en la etapa definitivamente surrealista, posterior a 1929, utilizará algunos temas y modos cercanos al mundo imaginario de todo un movimiento.

Este carácter innovador viene avalado también por los soportes utilizados por el artista para la creación y difusión de su obra: revistas, libros, cartas e incluso otro tipo de papeles fuera del uso artístico. Todo ello supone una desacralización de la obra de arte convencional.

Por otra parte, hemos de resaltar muy especialmente la valoración que Federico, como hombre de teatro, hace de la plástica escénica, ya que él mismo realizará bocetos de escenografías y figurines. El figurinismo y la escenografía en España fueron fruto de un abandono sistemático que apartó el mundo teatral español del resto de la plástica escénica europea, remozada por las vanguardias históricas. El teatro español, ligado a conceptos miméticos naturalistas, identifica escenografía con ornato y decoración, dentro de unos intereses de rentabilidad económica y descarta toda valoración plástica renovadora (De La Fuente, 1987). Por ello, Federico y con él el grupo *La Barraca*, destaca como uno de los escasos ejemplos dinamizadores que sirvieron de acicate para la puesta en marcha de un teatro renovador, finalmente truncado.

Además, La Barraca se configuró como un colectivo interdisciplinar que contó con la colaboración de pintores como Benjamín Palencia, José Caballero o Santiago Ontañón, escultores, arquitectos e incluso fotógrafos. Recordemos que algunas obras lorquianas fueron recreadas por artistas contemporáneos al poeta con un carácter muy novedoso. Queremos destacar, además de Dalí, la figura de Sigfrido Boorman con el montaje que hace en 1935 de *Bodas de sangre* ya que se trata de uno de los pocos artistas que merece ser reconocido como escenógrafo en España.

Por último, antes de abordar directamente la iconografía lorquiana, queremos ofrecer una breve alusión a uno de los elementos formales más original de su obra dibujística. Se trata de la formulación plástica del doble que acabará convirtiéndose en un motivo recurrente y que ya encontramos en una época muy temprana ligado a los payasos.

En la obra daliniana encontramos rastros de desdoblados que hablan de una estrecha relación entre los dos artistas. Sin embargo, Dalí resuelve el motivo del doble utilizando tintas planas y contrastes de claro y oscuro, elementos que Lorca usará de forma aislada ya que sus desdoblados se caracterizan por la superposición y la transparencia.

Esta técnica especificamente lorquiana procede, aunque siempre de modo indirecto, de los descubrimientos virtuales del mundo del cine y, sobre todo, de la fotografía que facilitaron la superposición de imágenes. Contamos, entre otros muchos, con un ejemplo de sobreimpresión fotográfica de 1924, se trata del retrato del pintor soviético Alexander Schentschenko realizado por Alexander Rodchenco. En esta obra el tema del desdoblado aparece claramente formulado, ya que se visualiza al poeta de frente y de perfil en una misma imagen. Sin embargo, estos ejemplos nunca tienen el carácter de continuidad de las obras lorquianas.

La técnica de la superposición por transparencia será utilizada por el pintor Francis Picabia, adscrito inicialmente al movimiento Dadá y que evoluciona hacia el Surrealismo. Ya rastreamos este elemento en una obra de 1927 *La Virgen de Montserrat*, coincidiendo con su estancia barcelonesa. Comprobamos como la misma técnica es utilizada al servicio de otros intereses a pesar de las coincidencias temporales y la proximidad geográfica.

El pintor belga Magritte también indagará en el tema del doble y los múltiples en sus famosas composiciones de hombres con bombín vestidos de negro, pero en este caso se descarta la superposición lorquiana y se utiliza una fórmula realista que tiene que ver más con la seriación.

En fin, los maniquíes como semejantes y seres indefinidos son un motivo ampliamente difundido en la iconosfera surreal que nos informa de un interés por la repetición y la carga enigmática que de ella se desprende. Pero el desdoblado lorquiano ligado a seres humanos, persigue una indagación psicológica e introspectiva personalizada.

En la Exposición Internacional de París de 1937 el pabellón Español exhibe un cuadro del pintor sevillano Fernando Briones Carmona, titulado *Alegoría del fusilamiento de Federico García Lorca*. La muerte del poeta, motivo central de la obra, rezuma un cierto sabor surreal ya que junto al mismo se disponen diversos elementos tomados directamente de su mundo imaginario a modo de fantasmas envolventes. La obra pues recrea el universo lorquiano.

Tanto por el contenido de la obra, como por la edad del pintor, nacido en Écija en 1905 y por tanto con una vivencia artística paralela en el tiempo y en el espacio a la lorquiana, esta referencia resulta muy interesante para guiar el análisis de algunos de los motivos de Federico.

Alegoría del fusilamiento de García Lorca

La pintura de Fernando Briones representa al poeta con las manos atrás caminando por un paisaje de rocas aristosas rodeado por diversas imágenes:

24

En primer término, a la izquierda, cinco fusiles alineados disparan, a la derecha, crecen dos cipreses, uno claro y otro oscuro. Sobre el poeta se tiende una mujer desnuda, tumbada de espaldas con la cabeza hacia atrás y enlazada a una media luna menguante; por encima de la misma pasa un caballo al trote montado por un jinete con el torso desnudo y un brazo extendido; a continuación surge un puño cerrado y, finalmente, una gran mano abierta cercenada a la altura de la muñeca. A la izquierda del protagonista se sitúa media luna creciente.

En esta obra encontramos algunos de los elementos habituales en el mundo lorquiano. Ahora bien, la formulación plástica de los mismos es ostensiblemente diferente a la que el mismo Federico nos legó en sus dibujos. Ello nos permite reflexionar sobre la obra gráfica del poeta y observar como motivos iguales participan de una diferente interpretación formal e incluso iconográfica aún dentro de un mismo soporte creativo.

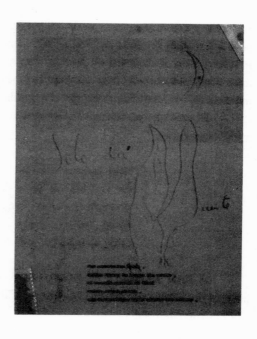

Sólo la muerte.

Nos apresuramos a señalar que, a nuestro entender, el pintor de Écija toma el universo lorquiano de la obra escrita sin tener en cuenta la producción gráfica y por ello algunos motivos han de ser matizados. Imágenes tales como los puños cerrados son incluso ajenas al poeta y han de ser valoradas más bien como consigna política en un momento especialmente delicado y trágico: la Guerra Civil.

Por lo demás, los temas abordados, EROS y TANATOS, son sobradamente asimilables con el poeta granadino. Pero, en este caso, la muerte no es una presencia incierta sino ostensible. El fusilamiento titula la obra y, sin duda alguna, es la razón de existir de la misma.

No obstante, contamos con otro signo de muerte extrapolado directamente de la iconografía lorquiana, menos explícito y más simbólico. Se trata de los dos cipreses que al igual que en algunos dibujos de Federico se ofrecen respetando esa diferencia cromática, claro-oscuro, ya señalada.

La relación del ciprés con lo mortuorio es más que notoria en la producción dibujística de Lorca y se hace palmaria en la ilustración del poema "Sólo la muerte" compuesto exclusivamente por dos ondulantes cipreses coronados por una luna humanizada y el título del poema.

El ciprés como árbol ligado a lo mortuorio forma parte, desde antiguo, de diversas culturas y Lorca se apropia de tal simbología. El carácter funerario del ciprés fue adoptado por los griegos de otros pueblos primitivos y se le consideró como uno de los atributos de Plutón y otras divinidades del Averno. Este carácter funerario es conservado por el cristianismo, pero dotándolo de unas connotaciones más positivas y refundiendo su significado de tal manera que se identifica al mismo con elevados y nobles sentimientos.

El explícito poema que ilustra el elocuente dibujo certifica este significado que venimos anunciando:

"Hay cementerios solos,
tumbas llenas de huesos sin sonido,
el corazón paseando un túnel
oscuro, oscuro, oscuro,
como un naufragio hacia adentro nos morimos".

A pesar del título y del motivo central del cuadro, el fusilamiento y muerte del poeta, hay un predominio de conceptos alusivos a EROS, su disposición privilegiada y sus dimensiones lo demuestran.

La parte superior izquierda está ocupada por el cuerpo de una mujer desnuda sobre la que trota un caballo montado por un hombre. Nuevamente reconocemos los motivos lorquianos, pero siguiendo una formulación plástica más lineal, sin entresijos, que podríamos tildar de tosca.

En primer lugar resulta evidente la relación que se establece entre lo femenino y lo lunar ya que el cuerpo de la mujer se entrelaza con la luna. También es notorio el marcado erotismo que se desprende de ese cuerpo tendido de espaldas, con la cabeza hacia atrás, en un gesto muy sensual que destaca especialmente los pechos.

Lorca en sus dibujos utiliza códigos diferentes para referirse a la sexualidad femenina. En la mujer erótica lorquiana (aquella del ciclo surrealista, una vez superado el motivo populista de las mujeres con madroños de primera época) la sensualidad está desplazada en favor de una sexualidad descarnada y muchas veces violenta. Lorca destaca el sexo femenino como uno de los atributos más definitorios de la mujer, se trata de sexos desproporcionados, de líneas ondulantes similares a ramaje, fuego e incluso a flujo seminal -el pintor de Écija prescinde de representar la parte inferior del cuerpo femenino-. Muerte y violencia ro-dean buena parte de estas composiciones tal como sucede en la obra *La muerte de Santa Rodegunda*, de cuyo sexo mana sangre que adquiere un sentido regenerador y fecundador ampliamente difundido en las tradiciones de todos los pueblos primitivos y que la cultura occidental mantiene.

Agua sexual.

La luna lorquiana tiene valores polisémicos y de ello parece hacerse cargo Briones, ya que además de ligar lo lunar a lo femenino, sitúa una luna próxima al poeta. En efecto, Federico en los autorretratos neoyorquinos introduce en su rostro formas alunaradas que remiten, al margen de otras consideraciones, a los lunares de su cara y que, por tanto, permiten deducir una simbiosis explícita.

No obstante, de entre los valores simbólicos de la luna aquel que tiene un mayor peso en el mundo imaginario del poeta identifica lo lunar con lo femenino.

27

El seguimiento de la mujer identificada con lo cambiante, con lo lunar, se pierde en el corpus de diferentes ancestros culturales (Eliade, 1985). Cada pueblo definirá una propuesta plástica particular, pudiendo rastrear ejemplos notables desde la Grecia clásica y especialmente a partir del Helenismo.

El cristianismo primitivo tomará el mito y conservará la tradición con altibajos y diferentes orientaciones. Podemos ofrecer aleatoriamente el ejemplo de una pintura mural conservada en el monasterio de San Apolonio en Bauit del S. VI, en la que sobre una alineación de santos centrados por la figura de María, se dispone el pantocrator, flanqueado por dos personajes, uno masculino representante de lo cristológico-solar derivado de Apolo y su carro de fuego, y otro femenino coronado con una media luna que retrotrae el mito de Selene.

El Renacimiento también toma el tema clásico y recrea alegorías lunares emparentadas con lo femenino. Así, en un fresco del Colegio del Cambio de Perusa, obra de Perugino, encontramos uno de tantos ejemplos en el que la luna corona el tránsito de una mujer semidesnuda que la representa.

El Barroco aborda lo lunar asociándolo con lo mariano, pero la luna no corona a la Virgen ya que ésta se posa sobre ella y la domina.

Incluso el arte contemporáneo en fechas muy tempranas recrea el mito lunar utilizando soportes creativos muy novedosos como la fotografía. Un fotomontaje de 1902, obra de Raphael Tuck, permite comprobar esta pervivencia mítica: se trata de una media luna con perfil de mujer.

Ahora bien, en el mundo imaginario lorquiano la identificación de lo lunar con lo femenino ha de apoyarse en su producción literaria ya que sus creaciones plásticas no son tan explícitas, puesto que Lorca en muchos casos dibuja lunas humanizadas, pero asexuadas.

Vamos a ofrecer un último ejemplo cercano al propio Federico y al mundo surrealista que mantiene la asociación luna-mujer. Se trata de *Un perro andaluz*, cortometraje de 1929 gestado por Buñuel y Dalí tras la ruptura amistosa con Lorca, que se sintió aludido, aunque tal severación fue desmentida por sus artífices, tema que vamos a obviar ya que no nos compete. Nos interesa la escena primera del film, una de las imágenes más espeluznantes de la historia del cine: un hombre cercena con una navaja de afeitar el ojo de una mujer, mientras una delgadísima nube cruza delante de la luna. Mediante un montaje alterno éstas imágenes crean una metáfora visual que identifica la luna con el rostro de la mujer. Por encima de la profunda carga simbólica que tal secuencia ofrece, nos interesa mantener esa asociación por desplazamiento entre lo lunar y lo femenino. El propio Lorca se hizo eco de este proceso de desplazamiento y en el poemario *Poeta en Nueva York* encontramos la imagen de la luna sesgada. Sin embargo, su obra gráfica nunca nos ofrece una recreación parecida.

Volviendo a la pintura de Fernando Briones, observamos una nueva asociación, la que establece entre el caballo y lo masculino: un hombre desnudo monta un caballo que pasa al trote sobre la mujer.

La lectura simbólica no puede ser más lineal. Insistimos, el símbolo procede de la creación literaria lorquiana donde se aborda lo viril y masculino ligado al caballo como agente sexual activo. Lorca en su obra gráfica nunca llega a ser tan explícito y el caballo pasa a ser una refundición de animales fabulosos que Mario Hernández (1986: 89-96) relaciona con las bestias apocalípticas de hocico bifurcado que se hallan en los Beatos medievales. No obstante, conocemos algunas variantes que nos apartan de las langostas bíblicas y nos hablan de caballitos de mar, teniendo en cuenta sus alargadísimos hocicos. Esta indefinición y refundición forman parte del zoo surrealista en general que busca en la recreación animalística "lo inquietante", "lo bello insólito", en palabras de Eduardo Westerdahl (1983: 18).

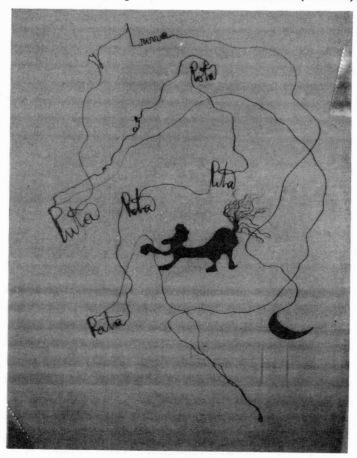

Puta y Luna.

29

La imagen de Briones se asimila inmediatamente con el centauro clásico, figura mítica con los cuartos traseros de caballo y el torso de hombre, perteneciente a la tradición griega y que podríamos relacionar con el animal fabuloso Gandarma de origen asiático. Se supone que los centauros son hijos de Apolo y están ligados, según varias tradiciones, con los rayos solares y las nubes que circundan al sol. Es obvio que las atribuciones que venimos refiriendo forman parte de ese magma cultural en contínua evolución que el mundo contemporáneo recicla en cada individualidad creadora.

Aunque los animales fabulosos lorquianos no tengan una paternidad tan explícita, creemos que existen algunos indicios que les unen a esa tradición antigua que polariza lo solar-masculino y lo lunar-femenino. Ciertos ejemplos de animales fantásticos de color rojo, en cierta manera, apoyan esta teoría.

Es especialmente destacable un rasgo muy particular de estos animales; la desproporción de los cuartos traseros que, según I. Marful (1), se corresponde con fijaciones propias del amor homosexual que atañe al poeta directamente, sobre todo en la etapa americana.

Por el contrario, otros creadores proponen formulaciones eróticas del caballo diferentes, como se observa en la producción del pintor español coetáneo a Lorca, M. Villa, en cuya obra la presencia del caballo ligado a la sexualidad masculina también es evidente, pero destacando un rasgo fálico que se contrapone a lo anal al desproporcionar el cuello caballar, alargándolo ostensiblemente. Esta lectura fálica también está presente, aunque muy mitigada, en algunos animales fabulosos lorquianos que tienen un alargadísimo hocico.

Ahora bien, los cuartos traseros desproporcionados y la fijación anal no son utilizados de forma exclusiva por Lorca, sino que derivan de los temas escatológicos comunes al universo Lorca-Dalí, como demuestran algunas de sus cartas (Gibson, 1985). Esa fijación anal es mencionada por Salvador Dalí (1983: 23-26) en su obra autobiográfica *Diario de un genio,* en la que explica sus problemas con el grupo surrealista francés que no vió con buenos ojos su iconografía provocadora. Leemos:

"No necesité más de una semana en el seno del grupo surrealista para descubrir que Gala tenía toda la razón. Toleraron, hasta cierto punto, mis elementos escatológicos. Pero, en cambio, ciertas otras cosas fueron declaradas "Tabú". Reconocía allí las mismas prohibiciones que en el seno de mi familia. Me autorizaron la sangre. Podía añadirle un poco de caca. Pero tenía derecho a emplear sólo la caca. Me autorizaron a representar sexos, pero no los fantasmas anales. Cualquier clase de ano era observado en modo muy sospechoso...".

Más adelante continúa:

"Tengo una idea! Una idea que escandalizará a todo el mundo y en particular a los surrealistas! Nadie podrá reprocharmelo, pues ya he soñado dos veces con este nuevo Guillermo Tell. Se trata de Lenin. Quiero pintarlo con unas nalgas de tres metros de largo sostenidas por muletas. Necesitaré para ello una tela de cinco metros y medio... Pintaré a mi Lenin con su apéndice lírico, aunque para ello tengan que expulsarme del grupo surrealista".

Se trata de la obra *El enigma de Guillermo Tell* que data de 1933, momento en que la ruptura entre Lorca y Dalí ya estaba consumada y que revela una conciencia anal común, aunque en el caso daliniano está antropomorfizada.

El tratamiento de esta fijación en un soporte plástico ligada a un sentimiento homoerótico se puede rastrear históricamente, especialmente en la cultura clásica y en el Renacimiento. James M. Aslow (1989: 136-137) en un estudio sobre Ganimedes en el Renacimiento menudea ejemplos:

"Dentro de este grupo de asociaciones que vinculan a Ganimedes con un ideal específico de belleza masculina adolescente y sus consiguientes prácticas sexuales, la preferencia de Parmigianino por las vistas posteriores parece calculada para resaltar el atractivo de sus Ganimedes. De ahí que parezca sugestivo que varios artistas, atraídos por la idoneidad del rapto aéreo del joven como tema para las pinturas de techo, decidieran representar el suceso en escorzo desde abajo (Di sotto in su) u otras posturas que acentuaban de manera similar las nalgas del joven...".

La relación entre Lorca y Dalí generó un universo imaginario común que posibilitó infinidad de contagios cuya paternidad a estas alturas ya resulta imposible de discernir en la mayoría de los casos. Incluso existen vestigios de signos comunes a todo el código surrealista, como las manos cortadas y otros elementos corpóreos cercenados.

De la comunión Lorca-Dalí-Buñuel y de cada uno de los tres individualmente, encontramos ejemplos elocuentes de tales preocupaciones. En la película ya citada *Un perro andaluz* encontramos el tema de la mano cortada que Buñuel reiterará tardíamente en un film señero del ciclo mejicano, *El ángel exterminador*. Dalí con anterioridad a la primera película ya había abordado insistentemente el tema de las manos cortadas, incluyendo además la vena bifurcada como rasgo sanguinolento. El mismo Lorca en la fecha de 1929-30 en el dibujo *Animal fabuloso dirigiéndose a una casa* también introduce el tema venario.

Todo este conjunto de miembros mutilados nos sitúan dentro de una iconosfera común a todo ese movimiento de los años 20 que dió rienda suelta a una lectura interior y, por tanto, a asociaciones libres que constantemente, dentro de una lectura freudiana, nos hablan de una sexualidad lacerada e irresuelta.

Mario Hernández (1986: 112) analizando los dibujos lorquianos escribe:

"Lorca llegará a hacerse una fotografía en Cadaqués (1925) junto a Dalí, que revela la interpretación que cada uno tenía de su arte y temperamento. En traje de baño, al lado de una mesa de velador, el primero sostiene una copa en la mano, símbolo de lo báquico y dionisíaco, mientras el pintor sujeta lo que parece un cartabón, cifra pretendida de lo apolíneo y la serena racionalidad".

Aunque tal explicación resulta muy sugerente, una afirmación tan categórica ofrece fisuras y se presta a matizaciones.

El cartabón y la copa aparecen respectivamente en las creaciones de Dalí y Lorca, pero con un significado más amplio que el propuesto por Mario Hernández.

Respecto de lo apolíneo daliniano hemos de señalar que el propio Dalí (1988: 24-31) nos ofrece una visión menos lineal en el ya citado "Diario de un genio". Recuerda que en su juventud "...El Dionisio nietzschiano me acompañó por doquier como paciente ama de cria", pero continúa "... Jamás negué a mi flexible y fecunda imaginación los métodos más rigurosos" y luego "... Dalí, en tanto que racionalista integral, ansiaba conocerlo todo de lo irracional...".

Se trata, pues, de un equilibrio inestable en el que domina lo racional aunque no de una manera tan rotunda como se quiere ver en la explicación fotográfica. Además el cartabón no es un elemento pictórico exclusivamente daliniano y podemos rastrearlo en la producción de otros pintores contemporáneos, como José Caballero o Angel Planells.

De la misma manera, la copa no tiene una lectura tan específicamente ligada a lo dionisiaco y aunque participa de estas connotaciones, forma parte, desde un punto de vista más genérico, de una serie de objetos-signo que el poeta utiliza con valor polisémico y que parten de presupuestos culturales más amplios.

La copa y el vaso como recipientes ligados al vino y al consumo alcohólico y por derivación a lo dionisíaco, han de ser contemplados también a la luz de una mayor riqueza en su contenido, dentro de una amplia tradición vanguardista.

La copa, aunque en múltiples ocasiones aparece sola, en otras (dentro de una asociación lógica), se representa ligada a la botella. Tal asociación ya es vertida en un tono reflexivo por Ramón Gómez de la Serna (1975: 322) en la obra *Ismos* en un capítulo que titula *Botellismo:* "... Junto a la botella, como su secundación está la copa, que también figura en el Cubismo como flor de espiralidad". Dentro de este contexto habría que analizar la copa y botella lorquianas, aunque matizaremos cada uno de los códigos que rigen para ambos elementos.

Estos objetos inicialmente se integran dentro de la tradición de la temática del café, ampliamente difundida por la bohemia finisecular. Con el tiempo serán adoptados por el post-impresionismo y las distintas vanguardias históricas, especialmente el Cubismo, Purismo y Expresionismo. Esta evolución también se refleja en la obra de Ramón que escribe: "Por fin nos dispusimos a entrar en una era de ascetismo pictórico encarándonos constantemente con nichos de naturalezas muertas". Y continúa "Más que la mesa servida del bode-gón, aparecía la sobremesa, la mesa con las últimas copas de licor, quizá una taza de café... pero poco a poco se vió que la botella ganaba preminencia entre las demás cosas".

Estos temas que empezaron desprendiéndose de lo cotidiano y emocional, ligados al café y a lo tabernario, acabaron siendo un motivo plástico recurrente y, en el caso lorquiano, una refundición iconográfica que los convierte en objetos-signo.

Marinero del «Moreno»

En la temprana fecha de 1924 Federico realiza un dibujo que lleva por título *Interior de un café* en el que ya aborda el tema del poeta solitario, sentado en una mesa y rodeado de forma agobiante por multitud de botellas, copas y vasos de exageradas proporciones. Esta obra que subraya los recipientes, al margen de su formulación plástica, entre ingenua y distorsionante al modo expresionista, podría derivar del café naturalista ya que aún podríamos hablar de cierta narración, aunque subjetivizada. Pero la evolución que sigue el motivo pronto convierte a la botella y al vaso en signos precisos asociados con lo tabernario, mientras que la copa deslizará un nuevo significado en época también temprana.

No obstante, para llegar a ese proceso de abstracción simbólica el motivo estuvo cargado de vibraciones de cotidianidad en el mundo artístico y literario del momento ya que la tertulia, ligada al café, definió la Vanguardia. Un testimonio de primera mano nos lo ofrece Luis Buñuel (1987: 89) en su autobiografía *Mi último suspiro*, reflexionando sobre los cafés y bares como lugares de consumo alcohólico y de su interés personal se desprende un hábito generalizado. En el capítulo dedicado a su estancia en la Residencia de Estudiantes nos habla de la creación de la Orden de Toledo, fundada por él mismo, Lorca y Dalí, entre otros. Escribe: "Subíamos a la ciudad (se refiere a Toledo) para perdernos en el laberinto de sus calles... A menudo en un estado rayano en el delirio, fomentado por el alcohol..."

Siguiendo a I. Marful (2), hemos de identificar la botella y el vaso con el marinero y lo tabernario, como forma de proyectar un fantasma sexual en el mito de la inmersión, en un triángulo de fuerzas representado por el marinero, el ahogarse en alcohol y el mar.

Lorca no representa la taberna sino que la evoca; ésta se convierte siempre en un edificio incógnito visto desde afuera. Impresos en sus paredes se suceden los motivos de esa botella o ese vaso o las palabras bière, vinos, taberna, que a veces coinciden. Se trata de elementos simbólicos ligados al proyecto de un fantasma amoroso fallido. Es bastante frecuente encontrar la palabra amor relacionada con los mismos.

La lectura de la copa desvinculada de la botella tiene unas connotaciones distintas y supone la asimilación de un código simbólico cristiano ya que partiendo de un objeto de uso cotidiano, éste se identifica con otro de carácter sacro, el cáliz.

La copa con forma de cáliz (la misma forma que tenía el recipiente de la fotografía de Cadaqués) ya aparece en la temprana fecha de 1924 ligada a un payaso que la porta en una mano. En este caso, el objeto-signo está antropomorfizado, ya no es representativo de un espacio arquitectónico incógnito y se asimila con lo cristológico-eucarístico.

Un ejemplo definitivo es el dibujo de 1927 titulado explícitamente *Payaso de rostro desdoblado y cáliz*. La alusión cristológica es evidente ya que uno de los rostros del desdoblado llora lágrimas rojas (necesariamente sangre) que vierte en dicho cáliz. El trasunto de signos reconcentrados no puede ser más evidente.

Recapitulemos pues, la botella y el vaso se asocian a lo tabernario y a lo marineril, mientras que la copa se vincula a los payasos y desliza componentes simbólicos de signo específicamente religioso ligados a lo cristológico.

Este no será el único objeto-signo dentro de la iconografía de Lorca que participa de ese contenido crístico y queremos reseñar algunos otros.

Uno de los más destacados será el pez, tempranamente utilizado como metáfora y que se ligó al cristianismo en momentos iniciales. Algunas interpretaciones apuntan que de cada una de las letras que forman la palabra griega ιχΘυς que significa pez, se desprenden las siglas correspondientes que dan lugar a la expresión "Jesucristo Hijo del Dios Salvador".

Cuando el cristianismo primitivo, tras dos siglos de existencia sin imágenes plásticas conocidas, decide introducir un código de signos visuales hallamos al pez como uno de esos primeros signos. En el siglo III ya aparece ligado a lo eucarístico en la asociación panes-peces (Grabar, 1985).

Este carácter cristológico y salvífico seguirá teniendo vigencia hasta fechas muy posteriores.

Dalí (1988:45) en *Diario de un genio* escribe:

"Me quedé sólo sumergido en mis fantasías hasta el crepúsculo. Oh, Salvador, tu metamorfosis en pez, símbolo del cristianismo, no ha sido, gracias al suplicio de las moscas, más que una forma típicamente daliniana y demencial de identificarte con tu Cristo mientras lo pintabas!".

Este extracto data de julio de 1952 y ha de ser valorado en su justa medida dentro del método paranoico-crítico daliniano, en un momento especial de vivencia mística. Ahora bien, nos permite comprobar cómo lo cristológico asociado al pez sigue vigente.

A la luz de los análisis freudianos, el pez fue identificado como símbolo fálico y es asimilado como tal por algunos pintores surrealista, entre los que tanta influencia hubo de tener el psicoanálisis y la interpretación de los sueños. Recordemos que en una página de la primera publicación de *Revolution Surrealiste* un gran pez domina toda la composición y dentro de él se inserta la palabra *Surrealisme*.

Muchos de los dibujos lorquianos toman el tema del pez ligado al complejo de castración y a la virilidad traumática, nunca ejercida, dentro de esa valoración fálica. El pez adquiere una formulación gráfica muy elocuente, unas veces en trance de atravesar agujeros circulares y otras asociado a las extremidades y relacionado generalmente con los payasos(hombres débiles) que nunca llevarán a la práctica su virilidad. El acto fallido representado por el pez privado de libertad, recluido en la pecera, tiene un paralelismo con el complejo de inmersión ya mencionado. El pez en la pecera es equiparable al ahogarse en alcohol.

Una vez más hemos de apoyarnos en la producción literaria de Lorca para interpretar su obra gráfica. En época muy temprana y en una obra inédita, *Cristo,* Federico relaciona lo cristológico con una sexualidad irresuelta e insatisfecha, en definitiva con la renuncia sexual.

Por tanto, la refundición cristológica-fálica propuesta por I. Marful (3), resuelve barreras aparentemente insalvables.

Jarrón con dos peces.

La producción plástica de Angel Planelles nos permite comprobar hasta qué punto existe una concomitancia generalizada de algunos códigos de signos. Su obra ofrece además de la pirámide percutora típicamente daliniana, el pez relacionado con la mano cortada a punto de atravesar un agujero.

Otro de los elementos de contenido cristológico que Lorca recrea plásticamente será el agua. Pero el agua domesticada.

La fuente con su correspondiente taza y surtidor, de manera casi invariable, acompaña a la mujer y remite a un mundo mítico ancestral que emparenta el agua con la idea de la fecundidad y la procreación.

Federico nunca recrea el agua en libertad, como parte de los diferentes agentes naturales, la utiliza como fuerza domeñada, lo que devuelve nuestra mirada, una vez más, a ese gran magma cultural del mundo mediterráneo que desde antiguo y especialmente en el Imperio Romano utiliza el agua de forma cotidiana y define la vida urbana, en relación con el "Otium", en termas y fuentes. El mundo árabe, del que también se nutre Federico, empleará el agua dentro de esas mismas premisas arquitéctonicas, pero en un tono más íntimo y menos bullanguero.

La fuente lorquiana, generalmente inserta en el típico patio andaluz, goza de esa integración arquitectónica.

El agua también se vinculó con el mundo cristiano y adquirió connotaciones eucarísticas relacionada con el bautismo. Inicialmente el rito baustismal se celebra en el río heraclíteo para dar paso al baptisterio, edificio centralizado en torno a un receptáculo que contiene el agua domesticada y derivará en la pila bautismal.

Estas dos orientaciones, aunque pudieran parecer inconexas, ya se encuentran refundidas en un momento temprano del cristianismo: la cultura bizantina. Un mosaico de la iglesia de San Vital (S. VI), en Rávena, nos ofrece un ejemplo interesante. En el extremo de una composición que recrea a la emperatriz bizantina Teodora con su séquito, se descubre una fuente de considerables proporciones con taza y surtidor. El agua adquiere todo el sentido ancestral de la fecundidad, junto a los valores particulares de la tradición imperial romana, de la que Bizancio se siente heredero, y del mundo cristiano, impulsado en estos momentos.

A pesar de las distancias espaciales y temporales, ciertas coincidencias de orden conceptual y formal entre la fuente anterior y las lorquianas, nos permiten presuponer una herencia colectiva arrastrada que, por encima de toda relación directa, aflora en determinadas ocasiones.

Finalmente vamos a reseñar algunas sugerencias sobre dos de los motivos iconográficos lorquianos permanentes en la obra gráfica del poeta que nos hablan de un universo creativo profundamente antropomorfizado: los payasos y los marineros, dos formulaciones distintas de una misma preocupación por reflejar la frustración de un ejercicio sexual que nunca se consuma. Se trata de hombres débiles y de perenne melancolía. Los primeros, como ya vimos, ligados al pez como símbolo de la castración y los segundos a lo tabernario y al alcohol como forma de expresión de ese ahogarse, de esa carencia de ejercicio sexual.

Las golas desproporcionadas, en el caso de los payasos, y los cuellos de idénticas enormes proporciones, en el caso de los marineros, refuerzan esta denotación constrictora.

Como indica S. Torroella (1986:39-53), los payasos y arlequines lorquianos están emparentados con los de Salvador Dalí y los del pintor paraguayo Barradas, afincado en España e introductor de formas vanguardistas, que en la temprana fecha de 1921 ya participa en la puesta en escena de una pieza de Lorca.

La pléyade de artistas que abordaron el tema es innumerable, pero la Vanguardia Histórica y sus precedentes inmediatos dieron carta de naturaleza a la temática del clown que además de acercarse a lo popular, tan revalorizado en ese momento, encarna lo marginal y convulso.

Hombre y joven marinero.

El tema del marinero también fue cultivado fuera de la producción lorquiana. Recordemos los marineros de Marquet, pintor adscrito al movimiento de los Fauves, que recrea el tema en un tono festivo y colorista, participando, unas veces, del bullicio portuario y, otras, de la calma de los muelles. En todo caso, se trata de una formulación amable y luminosa, reconcentrada en un análisis formal.

Dentro de este marco de cotidianidad se mueven algunas pinturas de la artista española M. Mallo, amiga de Federico. En sus obras de finales de los años 20 encontramos "Verbenas" populares que recrean el ambiente festivo con diversidad de personajes cotidianos y coloristas: enmascarados, manolas, toreros... y también marineros.

Encontramos nuevamente el tema del marinero en la obra de Lothe, pintor de línea cubista difundido en estos momentos en España. Pero, aunque éste sitúa a sus marineros en interiores de tabernas, los vincula a la conquista de la mujer.

El marinero lorquiano supera lo cotidiano o lo pintoresco y viene a destacar los fantasmas homosexuales del poeta desde un punto de vista simbólico. No obstante, algunas obras son muy evidentes como *Tres marineros y un grumete* o *Hombre y joven marinero* en la que este último tiene unos rasgos ambiguos y afeminados, destacando especialmente el color sonrosado de su piel y las femeninas caderas. La piel sonrosada del "joven marinero" contrasta con la piel broncínea del "hombre" que le ciñe por la cintura.

Históricamente la oscuridad de la piel es un rasgo masculino, mientras que la piel clara es un atributo de feminidad. Por lo tanto, el ejemplo anterior demuestra la polaridad masculino-femenino que Lorca proyecta en dos hombres, de la que se desprende una relación homosexual.

Esta iconografía marineril ligada al amor homófilo no es extraña a otros creadores homosexuales. Conocemos dos ejemplos muy cercanos al poeta granadino, amigos del mismo y que frecuentaban también la Residencia de Estudiantes. Se trata de Luis Cernuda y Gregorio Prieto, poeta el primero, pintor el segundo, que mantendrán entre sí una estrecha amistad.

Los poemarios de Cernuda menudean descripciones o alusiones marineriles en relación con el amor de un hombre por otro hombre. Gregorio Prieto crea una mitología personal en la que efebos, ruinas clásicas, maniquíes y marineros conviven en obras enigmáticas cargadas de tintes surrealistas. La asociación de elementos remite constantemente a la cultura clásica, legitimadora de la práctica homerótica.

Las ruinas y los restos de miembros de estatuas truncadas insinúan nuevamente, dentro de la iconosfera surreal, una sexualidad traumática. Lo mismo sucede con la ambigüedad de los maniquíes, por definición asexuados e inertes, en muchas ocasiones entrelazados en actitudes amorosas, siendo contemplados por la luna, otra de las recurrencias de la imaginería surrealista.

Uno de los ejemplos más claros en la producción de Gregorio Prieto de identificación entre lo marineril y la desinhibición homoerótica se advierte en la obra de 1933 titulada *Rui-*

nas en Taormina. En esta composición seis marineros pueblan un paisaje de ruinas clásicas en diferentes actitudes: durmiendo, conversando o ceñidos por la cintura.

NOTAS

(1) Véase MARFUL AMOR, I. *Lorca y sus dobles: aproximación psicoanalítica al drama lorquiano.* Tesis Doctoral (inédita).

(2) MARFUL AMOR, I. *Op. Cit.*

(3) MARFUL AMOR, I. *Op. Cit.*

REFERENCIAS BIBLIOGRÁFICAS

BRIHUEGA, J. (1981), *Las vanguardias artísticas en España. 1909-1936,* Madrid, Istmo.

BUÑUEL, L. (1987), *Mi último suspiro,* Barcelona, Plaza y Janés.

DALI, S. (1988), *Diario de un genio,* Barcelona, Tusquets.

ELIADE, M. (1985), *El mito del eterno retrono,* Barcelona, Planeta.

FUENTE, R. DE LA (1987), *Introducción al teatro español del siglo XX (1900-1936),* Valladolid, Aceña.

HERNANDEZ, M. (1986), *"Ronda de los autorretratos con animal fabuloso y análisis de los dibujos neoyorquinos",* en Federico García Lorca. Dibujos, Madrid, Ministerio de Cultura.

GARCIA DE CARPI, L. (1986), *La pintura surrealista española: 1924-1936,* Madrid, Istmo.

GRABAR, A. (1985), *Las vías de la creación en la iconografía cristiana,* Madrid, Alianza.

GIBSON, I. (1985), *Federico García Lorca. De Fuente Vaqueros a Nueva York,* Barcelona, Grijalbo.

GOMEZ DE LA SERNA, R. (1975), *Ismos,* Punto Omega, Madrid, Guadarrama.

SASLOW, J. M. (1989), *Ganimedes en el Renacimiento. La homosexualidad en el arte y en la sociedad,* Madrid, Nerea.

WESTERDHAL, E. (1983), "Panorama vital del Surrealismo" en *El Surrealismo,* Madrid, Cátedra.

APUNTES PARA UNA PSICOCRÍTICA
DEL TEATRO LORQUIANO:
DE LA OBRA JUVENIL A LAS FARSAS

Inés Marful

"Ignorante del agua voy buscando una muerte de luz
que me consuma".
Gacela de la huida, F. García Lorca.

El método hermenéutico que vamos a aplicar en esta interpretación, necesariamente urgente, del primer teatro lorquiano, tiene su punto de partida histórico en el psicoanálisis freudiano. Hemos querido, para no entrar *ex abrupto* en un código interpretativo complejo, tanto desde el punto de vista de su aplicación textual como desde el punto de vista de su evolución histórica, hacer una cala previa en lo que ha sido desde los comienzos del siglo hasta hoy la trayectoria de la crítica psicoanalítica.

En los capítulos VI y VII de *La interpretación de los sueños* describe Freud los mecanismos de la elaboración onírica -sobredeterminación o condensación, inversión, desplazamiento...- y los inserta en una tesis que tiene el sentido y el alcance de una declaración de principios: "Somos, pues, los primeros -dice- en partir de un diferente punto inicial. (...) Del contenido latente y no del manifiesto es del que desarrollamos la solución del sueño", frase en la que queda explícita la copresencia en él, y luego veremos que también en la creación artística, de un doble nivel: el de la dramatización onírica, como complejo significante, y el del sentido que en ella se oculta/se revela a través de una retórica regida por la censura.

En la transformación del contenido latente al contenido manifiesto intervienen principalmente dos factores: la condensación y el desplazamiento. La condensación no es otra cosa que una sobreabundancia del significado latente con relación a su significante: la formación de la palabra *propilena* en un sueño de Freud se verifica para acoger en una forma apocopada, lacónica, una red de sentidos ("propileos", "amilena"...) que subyacen, como una arboladura subterránea, al significante; el desplazamiento, por su parte, hace que el contenido esencial del sueño quede disfrazado, descentrado, a favor de un elemento otro que asume el protagonismo del contenido manifiesto, y este sería el procedimiento que explicaría cómo un sueño vertebrado en torno al elemento *monografía botánica* vendría a reunir en torno a él una nebulosa de latencias para las cuales la monografía no sería otra cosa que el punto de convergencia sobre el que coinciden y detrás del cual se ocultan: "en el sueño de la monografía botánica -comenta Freud-, el centro del contenido manifiesto es, sin disputa, el elemento "botánico", mientras que en las ideas latentes se trata de los conflictos y complicaciones resultantes de la asistencia médica entre colegas, y luego, del reproche de dejarme arrastrar demasiado por mis aficiones, hasta el punto de realizar excesivos sacrificios para satisfacerlas, careciendo el elemento "botánica" de todo puesto en ese nódulo de las ideas latentes y hallándose, en todo caso, lejanamente enlazado a él por antítesis, dado que la Botánica no pudo contarse nunca entre mis aficiones".

Esta doble tópica de presencia y latencia va a ser arrastrada por Freud a prácticamente todos los campos de la experiencia humana: la enfermedad mental -su preocupación más inmediata- el mito, el rito, la vida social y doméstica y, por supuesto, el lenguaje del arte. La psicocrítica, por ejemplo, ha mostrado hasta que punto esta presunta "extraterritorialidad" de Freud (Dadoun, 1984: 246) ha propiciado una labor tan legítima como fecunda.

No entraremos aquí en una relación detallada de las obras que Freud, de manera tangencial o directa, ha dedicado a la literatura, pero vamos a mencionar, sin embargo, algunos de los hitos que, por su poder de sugerencia, pueden aclarar varios de los puntos que serán rentables para nuestro análisis. En *Delirios y sueños en la "Gradiva" de Jensen* analiza Freud el personaje del joven arqueólogo Norbert Hanold, obsesionado por el bajorrelieve de una muchacha que camina y que acaba por ser asimilada a una vecina de infancia del joven, cuyo recuerdo sepultado vuelve a brotar inducido por la contemplación de la pieza arqueológica. La obra de Jensen, cuyo final feliz viene a señalar el triunfo de Eros sobre la represión (el nombre de la chica será sintomáticamente Zoé, "vida"), le da pie para hacer una confrontación legitimadora entre los terrenos de la psicopatología y el arte; según esto, Jensen habría descrito en su obra la historia y la resolución de un delirio cuya etiología ha quedado fijada en el palimpsesto de la memoria y sobre la que la joven Zoé actúa, a la manera del analista, desincrustando las capas del bloqueo. Cuando ésta alude a que ambos, hace ya dos mil años, han compartido su pan, Freud establece una correspondencia entre ese pasado mítico y la mitificación de una infancia que es, por definición, un retorno *hacia matrem,* haciendo notar la presencia en el discurso literario -como en el onírico- de un doble nivel de significación: manifestación y latencia son haz y envés del delirio, el sueño o la literatura, y dan cuenta de cómo la organización psíquica dispone los significantes de manera que son a un tiempo "expresión y disfraz, lo que explica su ambigüedad y su riqueza" (Clancier, 1979: 43). Desde este punto de vista, la crítica psicoanalítica hablará del "texto lacunario, agujereado" (Kofman, 1973: 71), o formulará el *fading* del sujeto en una palabra que, siendo presencia hecha de ausencia, es la misma ausencia lo que nombra, y reclamará, por lo tanto, una operación de desbrozamiento que, en palabras de Jean Starobinski (1974), ha de "hacer audible el sobre-entendido psíquico". En el ejemplo que hemos venido comentando, el bajorrelieve que desata el delirio del protagonista funcionaría como la superficie textual -el texto- bajo cuya organización lineal se imbrica un complejo semántico -un psicotexto- que es preciso desenlazar.

En este orden de cosas deben ser incluidos los estudios de Freud acerca del complejo de Edipo, que descubre en su autoanálisis, en 1897, y pone en relación con varias obras de la literatura en las que esta suerte de "destino psíquico" del ser humano se vierte. En carta a Fliess del 15 de octubre de 1897, escribe Freud: "(...) la poderosa influencia de *Edipo rey* se vuelve inteligible (...) el mito griego explota una compulsión de cuya existencia todo el mundo reconoce haber sentido en sí mismo los indicios" (Freud, *apud* Laplanche y Pontalis, 1983: 62). Esta universalidad del complejo de Edipo -en la terna característica de la relación filioparental- será reclamada desde la antropología y verificada en todos los estudios psico-textuales, que apuntan, sin embargo, a la definición de lo que la problemática edipiana tiene de específico en cada autor.

Freud pone en relación este complejo fundamental de la psicología humana con el *Edipo rey,* de Sófocles, y con el *Hamlet* shakespeariano, recabando en uno la desnudez del mito -el deseo incestuoso de la madre, Yocasta, con quien el héroe yace y procrea, y la riva-lidad hacia el padre, Layo, a quien sacrifica- y en otro las líneas que definen una "tragedia de carácter" en la que el héroe -detenido en el goce del interdicto- se niega a dar muerte a su tío: "Hamlet -escribe Freud- puede hacerlo todo, excepto la venganza que ha de recaer sobre el hombre que ha eliminado a su padre y ocupado el lugar de aquél junto a su madre; sobre el hombre señalado para la realización de sus deseos infantiles reprimidos. El odio que debiera empujarle a la venganza se ve suplantado por las acusaciones contra sí mismo y los escrú-pulos de conciencia: esos reproches lo persuaden literalmente de que él mismo no es más inocente que el pecador al que debe castigar". (Freud, *apud* Starobinski, 1974: 230).

Ambas obras, sin embargo, y pese a la diversa tonalidad de los planteamientos, inci-den sobre el doble motivo del parricidio y el incesto y son dramatizaciones de un idéntico conflicto. Tanto Sófocles como Shakespeare han dado expresión a un contenido psíquico fatalmente vinculado a la vida humana y a la literatura. El propio Hamlet recurre a la argucia del teatro en el teatro para arrojar a la escena una escena mental convulsa, expresando de este modo la implacable contigüidad de los parques que rige el flujo y el reflujo de la vida a la obra.

La misma temática edipiana reaparece en los ensayos freudianos a propósito de la plástica de Leonardo, cuya madre, tempranamente separada del niño, reaparece sonriendo en el rostro enigmático de la Monna Lisa o en los de la Virgen y Santa Ana, o en su estudio sobre *El hombre de arena*, de E.T. A. Hofmann, en donde tras la angustia aparentemente producida por la enucleación puede reconstruirse un fantasma de castración paralelo al del drama de Sófocles, cuyo héroe -conocida la doble verdad del parricidio y del incesto- se saca los ojos.

Entre los primeros ensayos que aplican el método psicoanalítico a la literatura cabe reseñar, por su importancia, el *Hamlet y Edipo* de E. Jones, prosecución de la investigación freudiana en torno al drama de Shakespeare, la obra de Charles Baudouin, heredero directo de Abraham, Rank y Jung, que sitúa el estatuto psicológico de la obra de arte entre el fantasma y el juego indicando la constante relación entre ésta y los complejos primitivos (regreso al seno materno, complejo de Edipo....), Marie Bonaparte, con su bello y detenido estudio de Edgar Alan Poe, o René Laforgue, todos ellos grabados por una misma orientación, luego desacreditada; la puesta en relación entre la vida y la obra, a la que, siendo un campo de pruebas donde la teoría psicoanalítica se verifica, todavía no se concede el lugar de autonomía que tendrá en los estudios inmanentistas posteriores.

En la década de los cincuenta cabe reseñar los estudios de Jean Delay sobre Gide -en la línea de la psicobiografía- y los de J. Chasseguet-Smirguel, que, situada en el punto de vista opuesto, defiende la independencia del arte con respecto a los avatares biográficos del autor.

Para ahorrarnos una enumeración de autores que, siendo seguramente enojosa, tampoco nos resultaría demasiado útil, reuniremos los trabajos publicados hasta la fecha entre tres tendencias (Castilla del Pino, 1984: 265-266) que, por las referencias hechas hasta ahora, habrán podido colegirse:

1.- la que acude a la literatura para verificar las tesis freudianas,
2.- la que ha puesto en relación la obra con la biografía profunda del autor (psico-biografía) y,
3.- la que, desvinculada de cualquier propósito veridictivo o psicobiográfico, ha practicado, y en esta línea vamos a situarnos nosotros al estudiar la obra dramática de Lorca, el psicoanálisis textual.

Lugar aparte merecen sin duda los estudios de Charles Mauron, que, partiendo de un rechazo de los métodos patográfico y psicobiográfico, así como de la crítica temática practicada por Baudouin o por G. Bachelard, basa su interés en el descubrimiento -a través de la obra- de la personalidad inconsciente de su autor.

Nuestro estudio del universo dramático lorquiano ha sido concebido como indagación en la dinámica inconsciente de la personalidad de Federico García Lorca a través de dos sistemas de expresión: el dramático y el figurativo, ambos solidarios de una tesis que hemos hecho cobrar sentido en su relación mutua.

Conscientes de que "el trabajo predicativo del autor no es sólo trabajo de la conciencia" (Castilla del Pino, 1976), hemos partido del presupuesto teórico, común a toda la crítica de orientación psicoanalítica, de que es posible, en la obra literaria, desandar el camino que lleva de lo manifiesto a lo latente a través de las recurrencias y extravagancias del sentido.

A propósito de Lorca, hemos afrontado el empeño como verificación analítica de una intuición previa: la impresión, luego validada, de que toda su producción teatral se organiza sobre un triángulo de fuerzas: el que hemos llamado *varón edípico,* su contrafigura, el *varón viril,* y la mujer, desdoblada en un espectro erótico y materno. Madre amante, madre generatriz, madre muerte, que trataremos de ir viendo dibujarse -plástica y teatralmente- en su oportuno enclave edipiano. Sobre el amor del hijo y de la madre, sobre la confusión erótica de placenta a feto, de labio a seno, se cierne el baldón de la ley del padre, modelo a seguir, "como tu padre sé", pero por cuanto afecta al ejercicio del sexo, que vive en el niño incestuoso como fantasía de cópula con la madre, "como tu padre no seas". Consecuencias de la muerte de la situación edípica son la formación del *superyó,* instancia censora heredera de las prohibiciones parentales y, en particular de la amenaza de castración -de usurpar el niño el lugar del padre- y el inicio de una fase de latencia que clausura el problema abriendo una tregua sexual que finaliza en la pubertad, para dar paso a la sexualidad adulta. El complejo de castración, pues, guarda una relación indisoluble con el complejo de Edipo, y en especial con su naturaleza prohibitiva y normativa. Si la transición no se produce, si el niño no rebasa el hiato, el dilema existencial que le obliga a renunciar a la madre como *partenaire* y a asumir el papel del padre sin transgredir su espacio, es decir, el espacio materno, el complejo de Edipo vendrá a interferir sobre las relaciones futuras provocando un miedo a la mujer, en tanto *imago* materna, *imago* prohibida, y una incapacidad para asumir el papel del padre, para acceder a esa tierra de promisión de un sexo adulto a la que Lorca (varón edípico que se vierte en su obra a través de una veta nunca interrumpida de hombres débiles que huyen de la mujer, representación misma del interdicto edipiano) nunca llegará en su obra dramática, proyectando, sin embargo, la imagen compensadora de un macho cumbral, acaballado, y nunca mejor dicho (porque el macho lorquiano es fogoso, y ecuestre), en los símbolos inmemoriales del fuego, el rojo y el caballo, punto en el que empezamos a vislumbrar, aunque el reducido espacio de una conferencia trabaje en contra nuestra, un auténtico proceso de repristinación mítica (la serpiente fálica del Génesis, la luna materna y ctónica de la antropología y el mito, el mar regresivo y funeral, el sexo femenino en sus atributos florales) que hace de Lorca una suerte de emisor universal en cuya palabra se articula un compromiso ontológico.

El esquema triangular a que aludíamos -varón edípico, varón viril (que no es otra cosa que el Ideal del yo), y mujer- queda refrendado cuando se propone una lectura semiótica de los signos que relacionan la obra literaria y la figurativa, que una y otra vez reproducen obsesiones de:

— desdoblamiento, presente en la obra dramática a través de la geminación del varón edípico en una proyección viril que asume la responsabilidad erótica que no puede aquél afrontar por sí mismo, en la obra gráfica a través de una serie tan ingente como insólita de peculiarísimos desdoblados, y

— castración, por medio de un simbolismo recurrente de instrumentos cortantes, degollaciones y lo que en nuestro estudio hemos bautizado, de forma genérica, como "lluvia de Sodoma" -luego lo veremos- que indefectiblemente recaen sobre el polo viril transgresor.

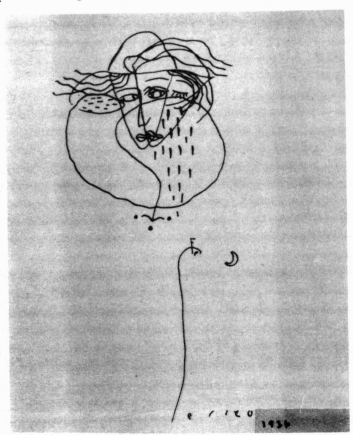

Payaso de rostro que se desdobla.

La juventud de Lorca transita sobre el eje nodal de dos pasiones contrapuestas (Gibson, 1985; Martín, 1986): la del espíritu -que dará lugar a una recurrencia de lo cristológico a lo largo de toda la obra- y la de la carne, auténtica matriz generadora donde el tema crístico se instala siempre como apostasía: Cristo como héroe sexual, disidente, en el que vienen a coincidir la voluntad de transgresión -el vía crucis del erotismo lorquiano- y lo inevitable del castigo, no en vano es en el *El público*, obra de una sinceridad desgarradora y anacrónica en la que Lorca sienta las claves definitivas para entender no sólo la tragedia del amor homófilo, sino también la tragedia, largamente insistida, de la imposibilidad de acceso a la hembra, donde se crucifica al homosexual sobre el somier de una cama en una parodia clara de la agonía de Cristo. Y con esa misma original confluencia de lo erótico y lo crístico vamos a abordar el estudio del primer teatro lorquiano, donde el tema empieza a dibujarse.

En la tragedia religiosa *Cristo,* que Lorca escribe a los 19 años, el protagonista, un Jesús de 19 años ampliamente tocado de referencias autobiográficas, está a punto de corresponder al amor de Esther cuando el fuego celeste, lo que hemos llamado "lluvia de Sodoma" en recuerdo poco gratuito de la lluvia de fuego y de azufre que castiga los excesos de la Pentápolis bíblica, se desata. Este fuego celeste será una de las constantes simbólicas del interdicto lorquiano: "Venía yo por el camino -dice Jesús- y, en el silencio de la noche, quise amarla y la amé con todas mis fuerzas... Veía su sonrisa de transfigurada cuando yo me acercara a decirla: "Esther, yo te amo, sé mi esposa. "Madre, yo me imaginaba entonces para mí una vida tranquila y dulce, mi huerto lleno de Lirios, mi campo de trigo y las risas de mis hijos. Yo soñaba con un monte de paz donde mi alma se adormeciera sin dolores y con unos soles muy plácidos y unas noches muy tranquilas. Quise dar gracias al Señor por el bien que me concedía y, al mirar al cielo, todas las estrellas que se ven y que no se ven cayeron sobre mí y me taladraron con sus puñales de luz la carne y el alma y me incendiaron de locura este corazón que era de fuego, dejándome la carne fría y dura como la nieve de las cumbres".

El hecho es que cuando Jesús mira al cielo para agradecer a Dios el amor de Esther, Él le responde taladrándole la carne, enfriándole la carne, con puñales de luz. Este motivo, claramente asociado a la intercepción de lo erótico, reaparecerá con la constancia de un canon en toda la obra, desde este alfa juvenil de *Cristo* hasta la última tragedia, en la que Bernarda, que desea tener un rayo entre los dedos para castigar el sexo sofocado y convulso de la casa, decreta "carbón ardiendo en el sitio de su pecado". En lo futuro, el fuego cortante cumplirá un papel decisivo en la simbólica del interdicto y de la castración, mientras el frío -la carne fría- se convierte en la metáfora por antonomasia de la impotencia.

En el primero de sus estrenos teatrales, *El maleficio de la mariposa* -y Lorca tiene ahora 22 años- el personaje protagonista, Curianito el Nene, se enamora de una mariposa que es portadora del siguiente maleficio: "si de ella te enamoras, ¡ay de ti!, morirás./ Caerá toda la noche sobre tu podre frente./ La noche sin estrellas donde te perderás...". El desafortunado cucaracho muere víctima de él en la misma escena en que el cortejo amoroso se inicia. Las huellas del autor -sus compañeros de la Resi llamaban a Lorca Curianito el Nene- siguen siendo, como en el drama *Cristo,* evidentes.

Muerte de Santa Rodegunda.

Hasta este momento -y habiendo pasado rápidamente por dos únicas obras de Federico- disponemos de dos situaciones asimilables (voluntad de amar/intercepción de lo erótico) y engastadas las dos en un idéntico patrón simbolizante. El texto brinda hasta aquí la reiteración de un símbolo -palabra oblicua- que inviste y desviste la problemática lorquiana de la castración, que la desviste en cuanto sintomáticamente la reitera, que la inviste en cuanto sólo lo reprimido reclama una figuración simbólica, es decir, una representación indirecta; y hagamos aquí una cuña más para decir que el psicodiscurso textual, como es lógico, siempre insiste en lo que nunca resuelve.

Mariana Pineda, obra gestada en torno a 1923, aporta a esta cuestión una particularidad especialmente interesante. Según el estudio de M. Greenfield (1973: 228):

"La Mariana Pineda de la historia española nació en Granada en 1804, creció en la España napoleónica y alcanzó su plena madurez como mujer durante la tiranía absolutista de Fernando VII. Viuda y con dos hijos, después de tres años de matrimonio con un joven liberal, Mariana se puso en peligro al tomar parte en el movimiento constitucional contra el gobierno reaccionario, primeramente por su complicidad en un complot afortunado para liberar a su primo, don Fernando Alvarez de Sotomayor, que había sido encarcelado por su papel en la conspiración, y después por bordar una bandera para los liberales con las palabras revolucionarias "Ley, Libertad, Igualdad". Mariana fue traicionada, puesta bajo arresto domiciliario por el jefe de la policía del gobierno, un don Ramón Pedrosa y, tras un malogrado intento de fuga, fue convicta de traición. Una elocuente defensa de Mariana, que había sido ruinmente calumniada por sus enemigos que querían deshonrarla, no obtuvo ningún resultado, y la heroica mujer fue al cadalso con serenidad, negándose a abandonar sus ideales y a traicionar a sus compañeros de conspiración, mártir de la causa de la libertad a los treinta y siete años de edad".

El propio Greenfield, al confrontar la versión histórica de los hechos con la obra dramática, advierte la escisión del personaje del primo: "Fernando Alvarez de Sotomayor -dice-primo y compañero de conspiración en la historia de Mariana, ha sido desdoblado en dos personajes por Lorca: don Pedro, el amante adulto, y Fernando, el inmaturo aspirante a pretendiente".

La subversión de la circunstancia histórica en la que esta heroína se destaca tiene una importancia decisiva como rompiente estructural de lo que será, a partir de ahora, el triángulo básico de la tragedia lorquiana. Nos referimos a la erizada copresencia de un varón joven, revestido, como veremos, de su protocolo edípico, y un masculino viril cuyo infaltable caballo es a menudo el símbolo sobre el que se desplaza la tragedia. Con el desdoblamiento intencional, repetimos que antihistórico, en Pedro (varón viril) y Fernando (varón edípico), se inicia para el teatro lorquiano la pesadilla del doble. La obra plástica correrá paralela, dando lugar a incontables desdoblados, rasgo peculiarísimo de la iconografía lorquiana, rasgo sin tradición, que traslada al soporte figurativo un conflicto inconsciente.

El signo acuático -ese definirse por el agua- y la dominante de inmersión -o asfixia- serán las constantes características del varón edípico lorquiano, a menudo aludido (como es el caso de Fernando en *Mariana Pineda,* o del homosexual de *El público*) a través de la figura del pez luna, pez que se vierte en la iconografía siempre acompañado de varones afeminados, dudosos, con una inmensa gorguera alrededor del cuello. Rodeado siempre de una cohorte materna (los padres siempre han muerto) y tendente a definirse a través del agua -y en particular de una fantasía recurrente de estrangulamiento/asfixia- recibirá gran parte de su intensión semántica por contraposición a aquél que se define como su proyección viril, el Ideal del yo, que aparece ataviado, de forma inexcusable, constante, con el triple simbolismo del caballo, el rojo y el fuego. Este macho canónico es tanto el cínico don Pedro ecuestre de *Mariana Pineda*, ("¡Abre, Clavela! Soy una mujer/ que va atada a la cola de un caballo) como El Leonardo viril de *Bodas de sangre*, el Víctor de *Yerma* o Pepe el Romano. La mujer lorquiana, a menudo tan ansiosa, no dejará nunca de exaltar al macho en su estilizada confrontación con el "edipo", al que abiertamente desprecia. Mientras tanto, el varón edípico, en sus intentos fallidos de llegar a la mujer, reiterará su deseo de morir ahogado. El cuello, como término de convergencia en el plano físico de esta fantasía de muerte por inmersión/asfixia, ocupará un lugar de privilegio en la topografía de Thanatos.

Leyenda japonesa.

En las farsas lorquianas *La zapatera prodigiosa* y el *Amor de don Perlimplín con Belisa en su jardín*, la cuestión del doble se manifiesta con una nitidez sin paliativos. Tanto una como otra tratan el tema del matrimonio de la joven y el viejo, célebre tópico de la tradición oral, estilizada por Bocaccio y sus epígonos, que Cervantes recoge en *El Celoso extremeño* y en el *Entremés del viejo celoso,* la fuente, según Edwards (1983), más próxima a Lorca. No está en él, sin embargo, la odiosa investidura del Cañizares del entremés -carcamal repugnante obsesionado por la sospecha-, el viejo lorquiano, como veremos, es, más que viejo, niño; ni de la imposibilidad de adulterio por parte de la mujer se desprenden, como dos clavijas redentoras, la figura de la entremetida y la entrada subrepticia: el Zapatero y don Perlimplín tienen sus ventanas abiertas a la deshonra; no hay en Lorca, finalmente, esa alegría "infantil" que es propia de la comedia: bajo la mirada lorquiana -se ha aludido mucho a la doble faz anímica del Federico hombre, tan clara en sus arlequines desdoblados que lloran en el plano posterior (Santos Torroella, 1986)- farsa y aleluya culminan en tragedia.

El propio autor declara, en el Prólogo de *La Zapatera,* que pudo "llevar los personajes de esta pantomima detrás de las rosas y el musgo donde vagan las criaturas de la tragedia, pero ha preferido poner el acento dramático en el vivo ritmo de una zapatería popular". Que la cuestión haya desembocado en farsa no depende más que del discurso dramático elegido por el autor y aludido en ese reiterado "quise" tras el que él mismo declara haber doblegado una instancia trágica, de ese ritmo "ligado y vivo" utilizado para distanciar al lector/público del espectáculo, para "desrealizar la escena" y "elevarla al plano poético" (Gullón, 1985), es decir, tal como apunta la observación metateatral, de una distorsión bajo la cual la angustia (aquí la de la impotencia) se oculta tras los espejos de su cómica ostensión desproporcionada.

En sus comentarios a *Zur Psychologie der Komödie,* de Ludwig Jekels, instaura Mauron su teoría de la comedia como fundada "dans l'inconscient, dur une fantaisie de triomphe, elle meme née dun renversement d'un reve d'angoisse" (Mauron, 1970). Si en la tragedia lo que se plantea es la culpabilidad del hijo, si es en definitiva Edipo el que debe expiar el doble crimen del parricidio y el incesto, en la comedia es el padre el que va a verse despojado de su estatus a través de una gozosa reinversión que recupera para el hijo el objeto del deseo. Bergson *(idem.)* hablaría aquí de un "monde renversé" del "voleur-volé" que en la comedia es el padre, y según el estudioso francés, no es posible, desde Aristófanes a Molière, tachar a ésta de explicación reductora, dado que, de otro modo, podemos comprobar la existencia de idénticas fantasías inconscientes bajo un mismo esquema manifiesto: el aterrado deseo de ocupar el lugar del padre/viejo (angustia) se ve resuelto en la comedia por una exultante victoria del joven/hijo (fantasía de triunfo) cuya apoteosis final es, por supuesto, el acceso a la "madre".

Hemos señalado ya el alejamiento de Lorca con respecto a los motivos clásicos. En las líneas que siguen trataremos de desentrañar esa disensión en el nivel profundo para concluir que -contraviniendo el esquema general- ese vasto y complejo artificio de la farsa lorquiana reanuda las claves de la culpa para único servicio de un goce patético.

La zapatera prodigiosa, "farsa violenta", está construida, desde el punto de vista arquitectónico, como una caja china; enmarcada en el *Prólogo* en el que el narrador ficcionalizado introduce a sus personajes, va abriendo, de afuera a dentro, otros tres teatros interiores sucesivos: el primero de ellos plantea la peripecia doméstica de la zapatera con su marido, el segundo el retorno del zapatero, que, habiendo huido de la casa, regresa disfrazado de romancista, el tercero, la maniobra de enfrentamiento del sojuzgado zapatero con su mujer, que, no pudiendo darse de forma natural, lo hace encubiertamente a través de un cartelón de ciego que reproduce la historia real de la pareja. No otra estrategia es utilizada por Hamlet para analizar las reacciones de su tío y padrastro, Claudio, y de su madre Gertrudis. Una vez que se produce el reconocimiento, roto el disfraz, la situación original se restaura, porque el Zapatero es incapaz de sostenerse en esa ficción de titiritero viril una vez descubierto por su mujer. Es decir, ha de ocultarse para requebrarla.

Abre el Acto primero un breve diálogo entre la Zapatera y un Niño, que sirve para introducir el tema (tan lorquiano) de la maternidad frustrada. Dice el Niño: "Mi madre lo hablaba el otro día, diciendo: "La Zapatera no tendrá hijos", y se reían mis hermanas y mi comadre Rafaela".

La farsa aclara pronto que de quien se ríen es del Zapatero. Su mujer, voluptuosa, tiránica, se reprocha el no haberse casado con otro de sus pretendientes, "Emiliano, que (como es común a los hombres viriles de Lorca) venía montado en una jaca blanca". El Zapatero, que la teme, reniega también diciendo que ese matrimonio será su ruina. "¡Con lo bien que yo estaba! ¡Mi hermana, mi hermana tiene la culpa, mi hermana que se empeñó: "que si te vas a quedar solo, que si qué se yo! Y esto es mi ruina".

Su indumentaria doble -viste pantalón corto y corbata roja, pantalón corto de niño, corbata roja de hombre- y la posición de sometimiento del Zapatero con respecto a su esposa, con la que eróticamente no se atreve, sellan la pertenencia del mismo a la categoría del varón edípico. Su proyección al plano viril -al Ideal del yo que venimos comentando, y que está presente en el símbolo de la corbata roja- se manifiesta ya desde el principio.

La Zapatera, *alter ego* de Yerma en clave de farsa, las dos condenadas a una esterilidad que en rigor no les pertenece, clama de forma constante por el macho de amor que la fecunde, ridiculizando, de paso, la contrafigura hilarante de un Zapatero niño. La Zapatera no sólo lo llama "hijo mío" sino que le ha hecho tomar tres vasos seguidos de leche sin hervir. ¿Hay algo más explícitamente formulado en términos de ilicitud del amor maternofilial, más gravado por el interdicto? Está claro que, desde esta posición psicológica, posición inequívoca de todos los edipos lorquianos, el Zapatero no podrá afrontar su matrimonio de ninguna manera. Como el marido de Yerma, de talante igualmente centrífugo, huirá del espacio dramático para regresar convertido en un varón viril, un romancista viril capaz de romper las barreras con el escudo de un disfraz.

Cuando el Zapatero se ha ido, la Zapatera y el Niño mantienen la siguiente conversación en la taberna de ella:

Leyenda de Jerez.

NIÑO

Pero, ¿por qué te echarán a ti la culpa de que tu marido se haya marchado?"

ZAPATERA

Ellos, ellos son los que la tienen y los que me hacen desgraciada.

NIÑO

No digas.

A partir de este momento la Zapatera, nostálgica, instalará a su marido en una ensoñación viril que desata el desacuerdo del Niño. "Yo me miraba en sus ojos -dice ella- cuando lo veía venir montado en su jaca blanca". El niño, incrédulo, dice riéndose que lo está engañando, y que el Zapatero nunca tuvo jaca. La declaración que sigue reúne los símbolos viril y femenino fundidos en su cópula simbólica: es el caballo (el hombre) que hunde su cola en el agua. Dice la Zapatera:

"Estaba yo lavando en el arroyo del pueblo y él paró su caballo y la cola del caballo era blanca y tan larga que llegaba al agua del arroyo".

No es extraño, entonces, que sea en este descarnado delirio sexual donde la simbolización de lo viril en la doble indumentaria del Zapatero -la corbata roja, y no el infantil pantalón corto- reaparezca:

"Ya ves tú..., cuando lo conocí estaba yo lavando en el arroyo del pueblo. Medio metro de agua y las chinas del fondo se veían reir, reir como el temblorcillo. El venía con su traje negro entallado, corbata roja de seda buenísima y cuatro anillos de oro que relumbraban como cuatro soles.

(...) Me miró y lo miré. Yo me senté en la hierba. Todavía me parece sentir en la cara aquel aire tan fresquito que venía por los árboles. El paró su caballo y la cola del caballo era blanca y tan larga que llegaba al agua del arroyo." (*La Zapatera, en este punto, está casi llorando. Empieza a oirse un canto lejano.*). Me puse tan azarada, que se me fueron dos pañuelos preciosos, así de pequeñitos, en la corriente".

El retorno del Zapatero, disfrazado de titiritero, señala la irrupción del doble interno. Cuando el Alcalde, macho canónico, le pregunta que en qué consiste su trabajo, el Zapatero, mirando con aviesa intención a su mujer, responde que "sobre todo enseñi(a) el arte de colocar el bocado a las mujeres parlanchinas y respondonas". La historia de ciego que va representando por los pueblos tiene también un título alusivo. Es el "Romance verdadero y sustancioso de la mujer rubicunda y el hombrecillo de la paciencia para que sirva de escarmiento y ejemplaridad a todas las criaturas de este mundo". No merece la pena insistir en la topicalia simbólica de este romance, los varones a caballo que, ridiculizando al Zapatero la rodean, excepto para dar cuenta de cuáles son los verdaderos terrores que éste alberga, y que ahora, abroquelado en su farsa, por fin confiesa:

"Un lunes por la mañana,
a eso de las once y media,
....
llegó su amigo trotando
una jaca cordobesa
y le dijo entre suspiros:
"Niña, si tú lo quisieras
cenaríamos mañana
los dos solos en tu mesa".
"¿Y que harás de mi marido?"
"Tu marido no se entera".
"¿Qué piensas hacer?" "Matarlo".
"Es ágil. Quizá no puedas.
¿Tienes revólver?" "Mejor",
¡tengo navaja barbera!"
"¿Corta mucho?" "Más que el frío".

Así pues, el virtual amante de la Zapatera operaría, en la imaginación del Zapatero, con una navaja que corta más que el frío. La reiteración del simbolismo de elementos cortantes alusivos a la castración, la posterior carne fría que habíamos anunciado como obsesiones del edipo lorquiano, y que habíamos visto a propósito de *Cristo* y de *El maleficio de la mariposa,* está también aquí. El texto espectacular (Bobes, 1986) señala el punto climático. "La Zapatera se tapa los ojos horrorizada" y "aprieta al Niño". Todos los vecinos que asisten a la representación tienen "una expectación máxima que se notará en sus expresiones".

La navaja en cuestión, "No tiene ni una mella".

"¿No has mentido?" "Le daré
diez puñaladas certeras
en esta disposición
que me parece estupenda".

El reparto de las puñaladas, que afecta, cómo no, a la tópica de la castración, no puede ser más expresivo:

"Cuatro en la región lumbar,
una en la tetilla izquierda,

otra en semejante sitio
y dos en cada cadera".
"¿Lo matarás enseguida?"
"Esta noche cuando vuelva
con el cuero y con las crines
por la curva de la acequia".

El terror inconsciente que el Zapatero manifiesta a través de esta acostumbrada maniobra del teatro en el teatro es el terror a la cópula con la Zapatera en tanto *imago* materna; no en vano ella lo ha llamado sostenidamente hijo mío, y le ha dado leche cruda, leche sin hervir, y no en vano ha tenido él que marcharse para afrontar disfrazado un deseo culpable, para poder pronunciar impunemente insinuaciones del estilo de "Usted tan guapa y yo con mi lengua en mi sitio".

La restauración de la situación primitiva con que concluye la farsa, una vez producido el reconocimiento, deja la pieza abandonada a su propia inercia. De nuevo el Zapatero ha aceptado el estatuto de sumisión primitivo. Pero, ¿qué será lo que suceda ahora? En los terrores de don Perlimplín frente a su futura esposa Belisa encontramos la formulación inconsciente -obviamente no en clave de farsa- del destino del Zapatero. "Pero... Marcolfa -dice el fantoche-. ¿Por qué sí? [¿ Por qué voy a casarme?] Cuando yo era niño una mujer estranguló a su esposo. Era Zapatero. No se me olvida. Siempre he pensado no casarme. Yo con mis libros tengo bastante".

No es arriesgado establecer que este final, que será también el inquietante final de Juan, su *alter ego* trágico (el final por antonomasia del edipo lorquiano, pez luna sumergido en la acuidad femenina, asfixiado, incapaz de penetrarla), es el final del Zapatero. Explícitamente rebajados a hijos, estos varones débiles acaban por ser asfixiados/sumergidos por una mujer físicamente inabordable.

El Amor de don Perlimplín con Belisa en su jardín, aleluya erótica en cuatro cuadros y un prólogo, alude ya desde el subtítulo -"aleluya erótica"- a esa confluencia de lo crístico y lo erótico a la que nos referíamos al principio, haciendo de la víctima erótica una víctima cristianizada cuya expresión más cumplida es el desnudo crucificado de *El público*. Por ese Gólgota sexual tan lorquiano han desfilado hasta la fecha el Jesús de la tragedia primeriza y también Mariana Pineda. Lo religioso, que empezó por ser una forma elevada de sojuzgar el sexo, ha venido a cuajar como una forma consustancial a él. Está lejos el Lorca que suplicaba a Dios, desde la *Místicas,* que suprimiera la abyecta doblez de su espíritu apasionado, a quien el espíritu reclamaba contención durante el -dice el poeta- "gran sacrificio del semen".

El sexo lorquiano ha llegado a ser asociado, de forma definitiva, a lo crístico, en una peculiar *coincidentia oppositorum* que el propio Lorca explicitó con apasionada insistencia, a propósito de la dolorosa voluptuosidad del San Sebastián de Mantegna, de sus propios San

Sebastianes: héroes dramáticos de un erotismo reprimido y sacrifial, el sacrificio del semen, que alumbra por todas partes los espacios dramáticos de esta farsa.

Payaso de rostro desdoblado y cáliz.

La misión del Prólogo en esta farsa grotesca es la de situar a don Perlimplín en una prehistoria erótica que reitera los términos de una convención manida. La escena se desarrolla en la casa de aquél: "Paredes verdes, con las sillas y muebles pintados de negro. Al fondo, un balcón por el que se verá el balcón de Belisa". La evolución espacial supondrá el paso desde esta primitiva residencia edípica -que la entrada de Belisa no modifica- hasta el espacio abierto de la transgresión.

Perlimplín parte de una situación análoga a la del Zapatero: una criada/hermana/madre que lo empuja hacia el matrimonio en un estado de absoluta inocencia erótica. El conocimiento que tiene sobre el destino de aquél, añade miedo a un miedo que Belisa acrecienta: si el vejete teme ser asfixiado por una mujer, la canción de Belisa dobla el motivo:

"Amor, amor.
Entre mis muslos cerrados nada como un pez el sol".

Por eso la reticencia de Perlimplín ante la compulsión de la criada madre (Feal Deibe ha desglosado el nombre mar-golfa como una insistencia en lo acuático (Feal, 1.973,76)) que trata de introducirlo en los placeres del sexo. Una vez establecido el trato entre las dos madres "Se oye el piano. El teatro queda en penumbra, Belisa descorre las cortinas de su balcón, casi desnuda, cantando lánguidamente". Entre este momento y el momento final del Prólogo, esta "versión de cámara" ("Digo versión de cámara -dijo Lorca, refiriéndose sin duda a *Bodas de sangre*- porque más adelante procuraré desarrollar el tema con toda la complejidad que tiene") se intensifica para acoger a Perlimplín escindido entre un terror infantil a la mujer (insiste Balboa (1986) en el carácter oral de la comparación).

"Como de azúcar..., blanca por dentro. ¿Será capaz de estrangularme?"

y el placer en que lo envuelve su primera descarga:

"¿Qué dice, Marcolfa? ¿Qué dice? (MARCOLFA ríe.) ¿Y qué es esto que me pasa? ¿Qué es esto?"

La vuelta del péndulo no se hace esperar; en la acotación última del Prólogo "Sigue sonando el piano. Por el balcón pasa una bandada de pájaros de papel negro." He aquí, de forma sugerida, la simultaneidad trágica del erotismo y de la muerte.

El Cuadro Primero se desarrolla en la sala de don Perlimplín durante su noche de bodas. El fantoche mira a Belisa desde el cuarto de enfrente y reitera el terror que ha venido expresando asociado ahora a su simbolizante específico: el mar.

"Belisa, con tantos encajes pareces una ola y me das el mismo miedo que de niño tuve al mar. Desde que tú viniste de la iglesia está mi casa llena de rumores secretos, y el agua se entibia ella sola en los vasos. ¡Ay! Perlimplín... ¿Dónde estás, Perlimplín?"

Frente a él, Belisa hace gala de una pasión sin límites:

"(...) ¡Ay! El que me busque con ardor me encontrará. Mi sed no se apaga
nunca, como nunca se apaga la sed de los mascarones que echan el agua en las fuentes. (Sigue la música.) ¡Ay, qué música, Dios mío! ¡Qué música! ¡Como el plumón
caliente de los cisnes!... ¡Ay! ¿Soy Yo? ¿O es la música? (Se echa sobre los hom-
bros una gran capa de terciopelo rojo y pasea por la estancia.)"

Para no dejar ni un signo de la reiterada convención, Perlimplín se frota las manos
porque "La noche se ha puesto un poco fría." En el transcurso del breve diálogo que antecede
al adulterio múltiple, Belisa llama a su esposo, en sugerente progresión, "caballerito",
"maridito" e "hijito". Cuando él le explique a su mujer cómo ha descubierto el amor, lo hará
desde un enfoque típicamente infantil (enfoque que abunda en la "nanalunar" de Mariana Pineda) y con una metáfora abiertamente alusiva a la castración:

"Me casé..., por lo que fuera. Pero yo no te quería. Yo no había podido ima-
ginarme tu cuerpo hasta que lo vi por el ojo de la cerradura cuando te vestías de
novia. Y entonces fue cuando sentí el amor. ¡Entonces! Como un hondo corte de
lanceta en mi garganta".

Inhibición/estrangulamiento, desinhibición/cuchillo. Cualquiera que sea la actitud que
Perlimplín tome, las armas están preparadas. Lo que sucede hasta la madrugada lo sabemos a
través del diálogo que mantienen dos duendes, que han corrido las cortinas para ocultar la
deshonra de don Perlimplín. Él, que, como un niño, había pedido permiso para quitarse la
casaca, reaparece con ella puesta. No deja de saber, sin embargo, que Belisa ha recibido a
cinco amantes que han dejado sus sombreros debajo de los balcones, pero, sellado ya su estatus sexual -"patito recién nacido", "Perlimplinito", "Perlimplín chiquitito"- tendrá que dis-
frazarse para abandonarlo.

Algo ha cambiado al final del primer cuadro en el ser interno de Perlimplín. Acusa
que "para acreditar mejor la transfiguración, el hasta ahora grotesco Perlimplín, habla de manera inequívocamente lorquiana" (Gullón, 1.985: 25):

"Amor, amor,
que estoy herido.
Herido de amor ido;
herido,
muerto de amor".

La aceptación del sacrificio que la transgresión -elevada a plano crístico- implica, está
presente en la acotación que inicia el Cuadro Segundo. Las perspectivas dislocadas remedan
la escisión interna de don Perlimplín: "Comedor de Perlimplín. Las perspectivas están equi-

vocadas deliciosamente. La mesa, con todos los objetos pintados, como en una "Cena" primitiva". La faceta inmadura de don Perlimplín ha asistido a una maduración repentina ("Yo me doy cuenta de las cosas. Y aunque me hieren profundamente, comprendo que vives en un drama", "¡Yo lo sé todo! Me di cuenta enseguida. Tú eres joven y yo soy viejo..., ¡qué le vamos a hacer!") que le permite hacerse cómplice del adulterio de su mujer. Así es como, aclarados los términos, la acotación última del Cuadro Segundo refleja a Perlimplín "grandioso", es decir, adulto. En su faceta escindida, la de amante, escribe a Belisa acerca "de mí..., de mi cuerpo". La germinación del personaje -tal como Perlimplín explica a su criada- parte de un culto edípico a la madre, para acceder a la cual debe ocultarse:

"(...) El amor de Belisa me ha dado un tesoro precioso que ignoraba... ¿Ves? Ahora cierro los ojos y... veo lo que quiero..., por ejemplo...., a mi madre cuando la visitaron las hadas de los contornos..."

El disfraz de don Perlimplín -la emblemática capa roja con que Belisa se cubre en el Cuadro Primero- es sólo una medida de satisfacción perentoria. La culpa que en ésta se engendra será la que determine el final de la pieza: el jardín en que se desarrolla tiene "cipreses y naranjos", ambientación doble acorde con la personalidad también doble del protagonista. "La luna ilumina la escena". Este es el espacio letal exterior que hemos visto en otras obras y en el que Perlimplín va a dar muerte al doble ante los ojos de la espantada Belisa:

"Ya muerto, lo podrás acariciar siempre en tu cama, tan lindo y peripuesto, sin que tengas el temor de que deje de amarte. El te querrá con el amor infinito de los difuntos y yo quedaré libre de esta oscura pesadilla de tu cuerpo grandioso... (Abrazándola). ¡Tu cuerpo!..., ¡¡¡que nunca podría descifrar!!!"

El comentario de Marcolfa ajusta el acorde final de la parodia crística:

"Belisa, ya eres otra mujer. Estás vestida por la sangre gloriosa de mi señor".

El triunfo de Perlimplín (mientras Belisa, extrañada, sigue buscando al joven de la capa roja, incapaz de asociar a su marido muerto con el "delicioso joven de (su) alma") es -como él mismo aclara- "el triunfo de (su) imaginación".

Si el Zapatero no logra trascender su personalidad básica y, tras un lapso anfibio, regresa a la situación primitiva, Perlimplín, más osado, opta por dibujar el reverso del conflicto: la escena de su muerte, en la que el doble usurpa por completo la personalidad antigua, es lo bastante explícita:

"Perlimplín me mató... ¡Ah don Perlimplín! viejo verde, monigote sin fuerza, tú no podías gozar el cuerpo de Belisa.., el cuerpo de Belisa era para músculos jóvenes y labios de ascuas. Yo, en cambio, amaba tu cuerpo nada más...., ¡tu cuerpo!... pero me ha matado... con este ramo ardiente de piedras preciosas".

Por lo demás, resulta fácil contemplar al propio Lorca haciendo señas, seguramente involuntarias, detrás del primer Jesús dedicado a las letras, del poeta Curianito o del poético Fernando. Queda por añadir que, si el Zapatero se convierte en romancista, Perlimplín "con (sus) libros (tiene) bastante". El Joven protagonista de *Así que pasen cinco años* aparecerá encerrado en su biblioteca.

* * *

¿Qué es lo que queda de esa triunfal inversión de la angustia de que Mauron habla a propósito de la comedia? La farsa lorquiana, como observa Marie Laffranque con relación al *Amor de don Perlimplín,* "comienza como el guiñol clásico y acaba en tragedia" y se pregunta: "Qué ha pasado, pues?" (Gullón, 1.985, 24) En nuestra opinión, lo que Lorca ha hecho es adoptar un patrón clásico, el viejo y la niña, para dar forma a su persistente angustia. Esa es la razón por la que el viejo lorquiano no es un viejo (ni siquiera por su edad) más que en las formas, pues viene a cubrir el expediente que han cubierto ya, que volverán a cubrir, sus predecesores juveniles. La faceta del viejo clásico que Lorca utiliza - y que cede, por identificación, al joven, pues ambos son el mismo- es la de la impotencia, y su única posibilidad de actuar en sentido contrario -tal es la fuerza del interdicto inconsciente- es el disfraz. Lo que se produce entonces es un intento de asunción del rol paterno que -incluso como desdoblamiento "teatral"- resulta fallido, y así el Zapatero regresa a su condición de origen -niño- y Perlimplín, que ha consumado la usurpación, muere víctima de la misma.

La culpa vinculada al sexo, el terror por tantos medios explícito a la unión con la imago materna, impide dar el paso hacia un triunfo que sería a la vez la solución del conflicto. Lorca no necesita de la presencia del padre -que no existe en su obra dramática- porque ha interiorizado su figura de terrible censor. El joven lorquiano teme y aleja de él la fuente directa del terror, con quien convive, como un fantasma íntimo, para proyectarlo por todas partes en distintas formas de sustitución totémica, desde las habituales estilizaciones viriles, tan planas, hasta el cielo castrador que envía la luz cortante.

El hipertrofiado femenino acuático de Lorca presenta únicamente dos formas de acometida: una pasiva, edípica, implicitada siempre como derrota, que concluye en la asfixia, la otra activa, penetrante, viril, cuyo corolario final es la castración. La atención del autor, sin embargo, se vuelca sobre lo edípico, dibujando a lo lejos un masculino fantasmal que es fácil de definir por su condición de *desideratum,* de proyección en rojo del edipo. La persistencia psicológica de éste, que es quien genera el doble que consuma el incesto (igual que Edipo escotomizó el recuerdo de su origen para amar a Yocasta) queda clara porque, o bien este doble viril queda fuera del espacio dramático -potencia genesíaca que la mujer convoca, caballo, calor, fuerza, siempre en la cuadratura estable de su frenética abstracción- o bien, si logra copular con ella (como Perlimplín bis o su alter ego Leonardo en *Bodas de sangre),* es muerto a cuchillo sin que falten, con inapelable sentido, las alusiones a la castración. Este es el sentido que tiene la impresionante procesión de ahogados y degollados/castrados (el mecanismo de desplazamiento es de los más elementales que el psicoanálisis describe) que surca la obra lorquiana. El predominio de los ahogados responde a la dominante de identificación autorial.

Como manifestación gráfica puede verse en los dibujos de Lorca la extraordinaria frecuencia de los payasos desdoblados -a menudo "dormidos" y surcados de sangre en el palmo posterior- y siempre con "la gorguerra en espiral que diríase rodea, como en abrazo fatídico, el cuello de ambos" (Santos Torroella, 1.986: 51).

REFERENCIAS BIBLIOGRAFICAS

BALBOA ECHEVERRIA, M. (1986), *Lorca: el espacio de la representación*, Barcelona, Edicions del Mall.

BOBES, M. C. (1986), *Semiología de la obra dramática*, Madrid, Taurus.

CASTILLA DEL PINO, C. (1976), "Aspectos epistemológicos de la crítica psicoanalítica", en *Psicoanálisis, Literatura, Crítica*, Madrid, Cátedra.

---- (1984), "El psicoanálisis y el universo literario", en *Introducción a la crítica literaria actual*, Madrid, Playor.

CLANCIER, A. (1979), *Psicoanálisis, Literatura, Crítica*, Madrid, Cátedra.

DURAND, G. (1982), *Las estructuras antropológicas de lo imaginario*, Madrid, Taurus.

FEAL DEIBE, C. (1973), *Eros y Lorca*, Barcelona, Edhasa.

GARCIA LORCA, F. (1986), *Obras completas* (3 vols.), Madrid, Aguilar.

GIBSON, I. (1985), *Federico García Lorca I: de Fuente Vaqueros a Nueva York*, 1898-1929, Barcelona, Grijalbo.

GREENFIELD, S.M. (1973), "El problema de *Mariana Pineda*", en I. M. GIL (ed.), *Federico García Lorca*, Madrid, Taurus.

GULLON, R. (1985), "Perspectiva y punto de vista en el teatro de García Lorca", en R. DOMENECH (ed.), *"La casa de Bernarda Alba" y el teatro de García Lorca*, Madrid, Cátedra.

KOFMAN, S. (1973), *El nacimiento del arte. Una interpretación de la estética freudiana*, Buenos Aires, Siglo XXI.

LAPLANCHE, J. y PONTALIS, J. B. (1983), *Diccionario de psicoanálisis*, Barcelona, Labor.

MARTIN, E. (1986) *Federico García Lorca, heterodoxo y mártir*, Barcelona, Siglo XXI.

MAURON, Ch. (1970), *Psychocritique du genre comique*, Paris, Corti.

SANTOS TORROELLA, R. (1986), "Barradas-Lorca-Dalí: temas compartidos", en *Federico García Lorca. Dibujos*, Madrid, Ministerio de Cultura.

STAROBINSKY, J. (1974), *La relación crítica*, Madrid, Taurus.

LECTURA SEMIOLÓGICA
DE *YERMA*

Mª Carmen Bobes

1. POSIBLES LECTURAS DE LA OBRA LITERARIA

La obra literaria da lugar a un proceso semiósico, es decir, a un proceso de creación de sentido, en el que intervienen unos sujetos, el autor y el lector, con papeles y actividades bien diferenciadas, aunque dialógicas, lo que quiere decir en unas relaciones basadas en un sistema de signos que ambos conocen.

La obra literaria se sitúa en una interacción en la que se ponen en juego actividades diferentes que se realizan en grado mayor o menor, según los textos, las épocas, los géneros, el autor. La obra no es solamente una *comunicación* en la que alguien dice algo a otro, es también una expresión de estados de ánimo, unos conscientes y voluntarios, otros inconscientes e involuntarios, ya que los signos pueden establecer por sí mismos relaciones de *significación* en el espacio cerrado de un poema, por ejemplo. La obra es también un modo de *representación* de la realidad porque reproduce icónica, analógica, u homológicamente un mundo social, o es un proceso de *ficcionalización,* que crea un mundo con relaciones y hechos propios. La obra provoca un proceso de *interpretación* en el que el lector debe partir de las formas cerradas de una obra, que ha distribuido con una estrategia determinada el autor. Por último, la obra es un *modo de acción* de un sujeto sobre otro: el autor actúa sobre los lectores para convencerlos, conmoverlos, inquietarlos, etc., y a la vez los lectores han influido sobre el autor condicionándole la expresión en relación a los efectos que quiera conseguir.

Estas amplias posibilidades hacen de la obra literaria y de los procesos que suscita un hecho muy complejo, de modo que la competencia para crear o para interpretar un texto de esta naturaleza afecta a un gran número de códigos (Segre, 1981).

Una vez reconocida la complejidad de la obra literaria y del proceso semiósico en que

interviene, se plantea el problema de si ha de estudiarse la literatura como una serie autóno-
ma, limitándola a sus propios códigos y convenciones, bien sea en cada obra (teorías inmanentistas), bien sea en su evolución histórica (historia de la literatura), o si, por el contrario,
ha de estudiarse la literatura en relación a otras series culturales externas, como la historia,
la biografía de los autores, los hechos sociales que condicionan una obra o la evolución histórica, los hechos culturales en general. Es éste un problema que se ha resuelto de modos
muy diversos y ha dado lugar a teorías que permiten lecturas diferentes de una misma obra,
nunca totales, como es lógico.

Por ser artística, la obra literaria es el resultado de una actividad creadora por parte del
autor que realiza un proceso expresivo en el que da forma a contenidos personales y sociales:
una vez terminada la obra, bajo la forma de una expresión lingüística, adquiere un valor social, e histórico, puesto que se han utilizado signos de un sistema regido por unas normas
admitidas y conocidas socialmente, y podrá ser descodificada por los miembros de esa sociedad que conozcan el sistema lingüístico y los códigos de referencias, y a la vez es testimonio
de los de su tiempo. Las relaciones con los sujetos que intervienen en todos estos procesos,
o las relaciones con los códigos sociales en los que adquiere sentido, dan a la obra literaria
un valor pragmático que debe ser tenido en cuenta para comprenderla e interpretarla.

El lector, ante el estímulo de la obra, realiza una actividad interpretativa partiendo de
su propia competencia y de su situación en unas coordenadas pragmáticas de espacio y tiempo, en un horizonte de expectativas generalmente distinto del original que presidió la actividad creativa.

La interacción literaria se realiza en unas circunstancias especiales de distancia, por lo
general, de convencionalidad, de apertura (dada la no referencialidad del discurso literario, su
ficcionalidad, su polivalencia, etc.), que la diferencian de otras interacciones lingüísticas,
como puede ser el diálogo en presencia, cara a cara, o el texto histórico de tipo informativo,
unívoco y referencial.

El mundo del emisor, en cuyos códigos toma sentido el texto, suele estar, pues, dis-
tante del mundo del lector, en el que tienen vigencia otros códigos éticos, religiosos, de conducta, etc. La inevitable tensión que se produce en el ámbito personal, social y cultural entre
los sujetos del proceso literario da lugar a interpretaciones muy diversas, a pesar de referirse
a una misma obra. Mientras la actividad del emisor se cierra cuando termina la obra y la entrega al público en unas formas cerradas y conclusas, la actividad interpretativa, que completa el proceso de semiosis literaria, es abierta y permite relaciones con códigos distintos de
los originales, y sucesivos en el tiempo, o diversos en el espacio.

Una de las causas de la lectura plural de la obra literaria es la diversidad de teorías que
intentan abordarla. Frente a una lectura referencial, que es la que corresponde a los textos lingüísticos, incluído el literario en su nivel lingüístico, en la que el lector se limita a descodi-

ficar los signos de un sistema, el lingüístico, apoyado, si acaso, en las ciencias hermenéuticas e históricas (es decir, las que tratan de reconstruir el tiempo y códigos de la emisión), la lectura literaria debe ir más allá de la referencia e interpretar los signos literarios desde una teoría.

Ahora bien, los signos literarios, a diferencia de los lingüísticos, no son signos codificados, no son sistemáticos, y ni siquiera son estables como signos independientes. Si tomamos un signo espacial, por ejemplo, los interiores con un valor caracterizador del personaje, en la novela realista, podemos encontrar el mismo signo con valor diferente en otro relato. A veces, una tradición de escuela, o la repetición de determinadas combinaciones en el discurso de un autor, fija algunos signos literarios y pueden crear unidades de significado que originan expectativas en el lector, pero también puede ocurrir que una vez creadas se produzca una ruptura: es lo que suele pasar con determinadas formas métricas o con determinadas metáforas repetidas: no significarán lo mismo en una obra o en otra del mismo autor, a pesar de que su reiteración pueda tener alguna razón común. Cada lector llegará en la interpretación de los signos literarios, y también de los lingüísticos, hasta donde le permite su propia competencia.

Las lecturas literarias pueden realizarse desde los diferentes métodos que han ido sucediéndose a lo largo de la historia y de las teorías. Cada uno de ellos se apoya expresa o implícitamente en unos presupuestos y en unos conocimientos lingüísticos, sociales, psicoanalíticos, etc. que les dan coherencia y les sirven de contraste. Veamos algunos ejemplos.

Si seguimos un *método histórico* en el análisis de la obra literaria, buscaremos los datos que nos permitan situarla en un tiempo y en un espacio históricos para darle el sentido que puede provenir de los códigos y valores sociales válidos en tal época. Es lógico pensar que para el historicismo la función fundamental del lenguaje es la *representativa,* y que los conceptos y valores sociales pasan a la obra a través de un autor que los ha asumido. Por esta razón, el método histórico se sitúa muy próximo al *método biográfico,* que trata de leer la obra de arte literario desde los conocimientos, lo más amplios posible, de la vida del autor.

Para este método, la función más destacada del lenguaje será la *expresiva* y se supone que el autor se manifiesta como ser histórico tal como le permiten su experiencia directa, su visión del mundo, las circunstancias personales, familiares y sociales en que ha vivido. Y, a poco que se deslicen, tanto el histórico como el biográfico son métodos que derivan a un determinismo y a una negación de la libertad creadora para sustituirla por la inspiración y la mímesis mecánicas.

Sin alejarse mucho de alguno de estos presupuestos, el *método psicocrítico* pretende la lectura de la obra literaria también por relación al autor, pero considerándola producto no de la razón o de la consciencia, sino relacionándola en su sentido, y hasta en su discurso, con vivencias inconscientes. Para ello, la psicocrítica considera fundamental la función expresiva del lenguaje, pero más allá de lo que admite el método biográfico. La creación literaria, como el sueño o el ensueño, escapa al control de la razón y expresa contenidos que no son voluntarios, a través de formas que no son conscientes ni intencionales respecto a tales contenidos, ya que tienen otras referencias inmediatas de tipo anecdótico que son las que se buscan de modo directo para hacer presentables los motivos que la razón ha censurado (interdicto). La obra puede leerse en superficie, al no quedar anulados los significados referenciales, y no se echan de menos los sentidos psíquicos que pueda tener; no obstante las obras literarias que tienen un intenso contenido psíquico producen, en frase de Freud, una "extrañeza inquietante", que lleva al investigador a buscar las razones de ese efecto sobre el lector.

Para leer una obra literaria desde este método es preciso tener conocimientos no sólo del lenguaje estándar, es decir, del sistema lingüístico en que está escrita la obra, sino también de un metalenguaje psicoanalítico mediante el cual sea posible identificar y explicar adecuadamente las unidades sémicas y los procesos del inconsciente: el desplazamiento, la figuración, la condensación, o conceptos como el de inconsciente colectivo, los complejos de inferioridad, el narcisismo, la persona, etc.

Como es lógico, la psicocrítica no puede limitarse a una lectura referencial, y sin negar ésta, reconoce que los contenidos del inconsciente se manifiestan de un modo indirecto, no están articulados de un modo estable, no están sistematizados y además los signos que constituyen las unidades no suelen dibujar, salvo excepciones, figuras completas que describan en todas sus partes un complejo de culpa, el mito de Edipo, la doble personalidad, el narcisismo, etc., de modo que más que signos, los datos para la psicocrítica suelen ser indicios, señales, síntomas, sobre todo para la iniciación, porque suele también ocurrir que al interpretar uno de los síntomas, surgen las relaciones y se dibujan las figuras. En esta circunstancia estriba buena parte del atractivo y valor sugeridor de la psicocrítica. Las interpretaciones psicocríticas amplían las posibilidades sémicas de tipo referencial de la obra de arte, y de aquí deriva también su atractivo.

Los temas elegidos para una historia, en un relato o en un drama (el adulterio, la esterilidad, el afán de dominio, el poder, los conflictos de responsabilidad o de libertad, etc.), aparte de tener un indudable carácter histórico, pueden ser indicios de problemas inconscientemente vividos por el autor; es un hecho histórico que las épocas muestran preferencias por determinados temas: la novela romántica, en su huida de la realidad inmediata, construye sus historias de un imaginario oriental o medieval; la novela realista muestra una preferencia notable por los temas de adulterio en los que se problematiza sobre la responsabilidad y capacidad para asumirla de la mujer en el caso límite del amor; el drama del siglo XX se inicia con temas que problematizan sobre la personalidad, sobre el conocimiento, sobre la validez del arte, etc. Los personajes y las relaciones que mantienen en el conjunto de la obra, el modo en que establecen sus relaciones espacio temporales, suelen reproducir homológicamente, incluso icónicamente, situaciones reales y preocupaciones de una sociedad histórica, pero, a la vez, en sí mismos, en el modo de abordarlos, en el modo de distribuir las partes, incluso en el modo de expresarlos, pueden ser indicios de conflictos que ha vivido el autor en sus relaciones familiares, o sociales, en las formas de asumir la infancia o la adolescencia, en problemas de conducta en su iniciación, etc. La superposición de los textos de un autor, o de una época, puede descubrir la persistencia de unos temas, de unos planteamientos conflictivos, bajo anécdotas que pueden ser diversas o iguales.

Pero además, el texto literario puede remitir al inconsciente del autor desde la misma palabra, por las asociaciones que repita, por los campos metafóricos que explota, por el uso de determinadas categorías gramaticales con preferencia frente a otras. Ch. Mauron ha mostrado que la recurrencia de metáforas de agua, de luz, de peso, etc., puede relacionarse con determinados estados de ánimo del autor, con determinados conflictos psíquicos y, en último término, remiten a su inconsciente (Mauron, 1.976).

El método *sociocrítico,* en relación inmediata con el histórico, propone una lectura de la obra literaria como un reflejo de la sociedad que la produce a través de uno de sus individuos más representativos, el escritor. La obra se interpreta por referencia a un marco social en el que unas relaciones humanas y unos códigos culturales, ideológicos, históricos, éticos, religiosos, artísticos, etc., ocupan un espacio homólogo al que tienen o mantienen en la misma obra. El arte recrea una sociedad y es un reflejo de ella a través de la visión de un hombre que está facultado para hacer esta labor de interpretación, de síntesis y de expresión.

Aunque el método biográfico y el psicocrítico orientan sus análisis y buscan los datos de la obra en relación al autor (vida exterior/vida interior), y, por el contrario, el método sociocrítico parte de los sistemas sociales envolventes (códigos y convenciones sociales contemporáneas al autor, o al lector), la lectura que han hecho de algunas obras ha coincidido, lo cual es una garantía de la validez de ambos métodos cuando son aplicados con rigor y autenticidad.

Es lógico que ocurra así, si se tiene en cuenta que el hombre, el autor, aunque individual en las circunstancias vitales y en la vida inconsciente -objeto de la biografía y de la psicocrítica-, es un ser histórico situado en una sociedad determinada cuyos valores o disvalores asume consciente o inconscientemente, y el arte es expresión comprometida con el hombre en su totalidad.

Al estudiar el teatro de Racine en relación con su vida inconsciente, Ch. Mauron ha demostrado que los conflictos dramatizados en sus obras están en íntima conexión con las relaciones conflictivas que el poeta mantuvo con el grupo jansenista de Port-Royal, que actúa en su vida psíquica como "madre punitiva" (Mauron, 1974). Y, por su parte, Goldmann, aplicando el método socio-crítico, analiza la obra dramática de Racine desde el conocimiento de las problemáticas relaciones del autor con su entorno inmediato al tratar de compatibilizar su sentido del arte y de la sociedad con el sentido de la vida que mantienen sus colegas de Port-Royal (Goldmann, 1976).

2. LECTURA SEMIOLÓGICA DE LA OBRA LITERARIA

La semiología considera a la obra literaria no como un *producto* de un hombre, no como un *producto* social e histórico, es decir, como un objeto acabado, sino como un *signo* cuya presencia suscita un proceso semiósico en el que intervienen dos sujetos (autor/lector) y en el que concurren un gran número de factores y circunstancias. La obra en su materialidad (forma y contenidos referenciales) es un elemento de una interacción en que se relacionan todos los demás.

Pero tenemos que advertir que la semiología no aparece en el panorama teórico literario de la noche a la mañana con sus innovaciones; hay una historia de los conceptos básicos que se proyecta sobre las posibilidades de teorización y de análisis de las obras. Por de pronto, una lectura referencial de los signos lingüísticos está plenamente justificada cuando se parte de una *concepción diádica* del signo. Si es así, la obra literaria se considera como el conjunto de un significante (forma) y un significado (fondo). Desde una *concepción triádica* del signo cambian totalmente las posibilidades de lectura del texto literario: si el signo es un *significante* (forma/vehículo de signo), que remite a un *denotatum* (referencia) y a un *designatum* (interpretante, concepto), la lectura de un texto va, o puede ir más allá, de la referencia. El mundo de la referencia es un mundo de objetos o de relaciones verificables, objetivables, unívoco, y quien mejor lo conoce es el autor y, por tanto, es lógico que se hayan desarrollado hasta ahora con preferencia las teorías literarias que interpretaron la obra desde el emisor, o desde las referencias (sociocrítica).

El mundo de los *designata* es un mundo ficcional, relativo, subjetivo, organizado de modo diferente para cada sujeto, lo que significa que el sujeto emisor lo dispone a su modo en la fase de creación de la obra, y el lector lo interpreta a su modo en la fase de lectura, siempre atados uno y otro al mundo de las referencias, que no se niega, al menos hasta el teatro del absurdo que desplazará el campo de su lógica.

La obra dramática se presenta, pues, como un signo cuyas posibilidades de interpretación están condicionadas, como las de todo texto literario, por el concepto que se tenga del signo (estático, dinámico/diádico, triádico), pero a esto hay que añadir que su forma de expresión es el signo lingüístico en situación, lo cual supone que además de la ficcionalidad, el relativismo, el subjetivismo, etc., que aporta esa tercera dimensión (el *designatum*), hay que contar con los signos concurrentes con los verbales y que llamaremos en su conjunto *signos no-verbales de la representación*.

La novela puede incluir en su texto relato de palabras (diálogo) y relato de acciones (monólogo del narrador), o bien descripciones; cuando hace relato de palabras puede reproducir directamente las de los personajes o bien trasponerlas a través de la voz del narrador: el texto dramático presenta siempre lenguaje directo, en situación, dialogado, y no deja lugar alguno para una voz presentadora (con algunas excepciones de tipo experimental). La novela presenta en su discurso un concierto de voces, pero no puede presentar otros signos, de modo que sólo a través de la voz del narrador acoge información sobre actitudes, sobre el tono, el ritmo, los gestos, etc., de los que están hablando. El teatro, por el contrario, deja oir directamente las voces de los personajes y muestra directamente en las acotaciones y en la representación por medio del Texto Espectacular, los elementos llamados suprasegmentales del habla (tono, timbre, ritmo, etc.), el gesto, el movimiento, la distancia entre los hablantes. F. Poyatos llama al conjunto de "Lenguaje-Paralenguaje-Kinésica" la Estructura Triple Básica, y a ella habría que añadir la proxémica, puesto que no se usa el lenguaje directo sin un paralenguaje, sin gesto, sin distancia.

Puede discutirse, y así se ha hecho, si los signos mímicos, el paralenguaje, la distancia, etc., constituyen "sistemas de signos", pero no se puede discutir que son signos o función-signos, puesto que tienen un significado, autónomo o no respecto a la palabra, pero siempre concurrente con ella. Lo que tampoco puede discutirse es que al usar los signos lingüísticos se usan también los paralingüísticos: no se puede hablar sin un tono, sin dar entonación a las frases; podría recitarse un texto como una salmodia, para evitar las connotaciones individuales, pero sería una forma de significar con el tono; podría quizá hablarse sin gestos, pero parece difícil, podría hablarse sin movimientos, pero también resulta difícil pensarlo, y desde luego, no puede hablarse sin ocupar un lugar en el espacio, y, por tanto, una distancia respecto al interlocutor. Todas estas posibilidades son lo normal en el uso directo de la palabra, y, en todo caso, tienen también su significado o su sentido que se añade a la referencia. El hecho más frecuente es que al hablar se utilicen también estos signos, sean sistemáticos o no, estén codificados o no, sean naturales o culturales: sean lo que sean, aparecen en el escenario, tanto si el texto espectacular los incluye o los omite. Kowzan señaló hasta trece códigos en el escenario y, sean o no códigos, lo que sí resulta evidente es que en el escenario se reproduce el diálogo del Texto Literario Dramático por medio de palabras en situación, y se realizan las indicaciones del Texto Espectacular con gestos, movimientos, entonación, ritmo, etc.

El *lenguaje en situación* (conjunto de signos verbales y no-verbales) es necesariamente un lenguaje directo que centra a los sujetos y sus expresiones en un ambiente y en unas circunstancias espaciotemporales, que se reproducen en la escenografía de acuerdo con las convenciones teatrales de época, de director, de tipo de teatro (clásico, español, inglés). Pero, sin entrar en las convenciones escenográficas, que son específicas de la representación, hay que tener en cuenta la vinculación de la palabra con la situación en su *marco de referencias* y en sus *presuposiciones* para poder entender el diálogo y sus referencias lingüísticas.

Vamos a verificar en *Yerma* (ed. Cátedra, 1.983) que el marco de referencias de un diálogo puede hacer variar su sentido, e incluso puede modificar las modalidades del habla: en un marco determinado, Yerma no *quiere* hablar, la Vieja no quiere y no puede hablar ("pienso muchas ideas que no quiero decir", 55, "no quiero hablarte más", "a otra mujer serena yo le hablaría, a tí no", 57). Las presuposiciones textuales que tiene el espectador en el segundo cuadro son mayores que las que tiene en el primero, y puede interpretar bien la actitud agresiva de las palabras cruzadas entre Juan y Yerma, que serían inexplicables en el primer cuadro.

Las relaciones de los signos lingüísticos con los sujetos del proceso semiósico suelen manifestarse por medio del sistema de indéxicos de cada lengua, es decir, los indicadores de persona, tiempo y espacio, que son relativos y egocéntricos: *yo-aquí-ahora*. En el texto dramático estos indicadores fijan posiciones de los personajes en relaciones interpersonales y con el escenario, p.e. cuando en el A. II, C.I, dice Juan (...) "Yo casi lo estoy olvidando", y Yerma contesta, "pero yo no soy tú" (77).

Estas relaciones directas de los sujetos con el texto (de los personajes con el escenario) son ampliadas con otro tipo de relaciones indirectas que pueden descubrirse en el uso de las unidades lingüísticas: adjetivos, sustantivos, distribuciones, etc., que, según Kerbrat-Orecchioni, (1980), reflejan códigos ideológicos, religiosos, éticos, culturales, etc.

Hay otro tipo de relaciones, externas a la obra, aunque suscitadas sobre ella, entre el autor y el público, que se establecen en una tensión dialéctica entre el "horizonte de expectativas" de uno y otro. Teniendo en cuenta que la comunicación literaria se produce por lo general a distancia, temporal y espacial, hay una discordancia inevitable entre el mundo del autor y el mundo del público. El autor tiende a cerrar en unas formas históricas unos sentidos que el público tratará de leer condicionado por sus propias circunstancias históricas. De esta tensión deriva el que la obra literaria tenga, en unas formas cerradas, acabadas, una capacidad semántica abierta y admita una pluralidad de lecturas.

La historia de los signos lingüísticos y literarios condiciona, sin duda, los sentidos que admite la obra literaria a través del tiempo; las relaciones con otros textos (intertextuales, contextuales, intextuales...) dan perfiles nuevos a cada lectura. Basta pensar, como ejemplo de influjo cotextual, el peso que la pintura tuvo en la concepción escenográfica italiana del Renacimiento: las leyes de perspectiva, la iluminación incorporada a los bastidores y bambalinas, la disposición de la sala respecto al escenario, etc.

Por último, la semiología tiene en cuenta las relaciones de los signos con sus propios valores como actos de habla. Un acto de habla puede ser manifestación de unas relaciones de amistad, de temor, de amenaza, puede intentar una relación de dominio, de enfrentamiento, etc. Yerma pregunta cómo van las labores del campo: lingüísticamente hace una petición de información (imperativo epistémico), pero realmente en sus palabras hay una coacción y así lo interpreta Juan, que desvía la contestación e inicia un enfrentamiento: "he de cuidar el ganado. Tú sabes que esto es cosa del dueño" / "Lo sé muy bien, no lo repitas..." (76). Las palabras no ofrecen informes, son un enfrentamiento entre dos fuerzas opuestas que tratan de resolver otro tema, no el que referencialmente se expresa en el texto.

La teoría semiológica literaria, que se desarrolla en Europa a partir de Saussure y en Estados Unidos a partir de Peirce, atendió en sus primeros tiempos al texto material de la obra y realiza (con preferencia respecto al relato) análisis sintácticos y semánticos, que tienen carácter inmanentista, y para los cuales era suficiente una concepción diádica del signo, que fue la utilizada en general por el estructuralismo. Posteriormente pasa a análisis pragmáticos que tienen en cuenta todas las relaciones que hemos ido enumerando al considerar los signos en situación desde una concepción triádica.

Los análisis sintácticos se desarrollan, pues, en la semiología sin precisar unos límites claros respecto al estructuralismo y respecto a la estilística inmanentista; la consideración de la funcionalidad de las unidades en el texto hará que los estudios sintácticos y semánticos inicien una orientación hacia la pragmática y a la semiología, tal como hoy se concibe.

El objeto que hoy se propone la semiología literaria es la obra en sí, como producto de un autor y de una época, y la obra como signo que interviene en un proceso semiósico en el que concurren circunstancias muy complejas, que hay que tener en cuenta para la lectura con sentido.

3. LECTURAS DE YERMA

Vamos a aplicar todas estas teorías expuestas al análisis de *Yerma*, una de las tragedias más inquietantes de F. García Lorca. No vamos a seguir un método ecléctico tratando de compatibilizar todos los que se han propuesto, sino que vamos a verificar las posibilidades que tolera el texto, porque las teorías pueden ser discursos más o menos coherentes, pero únicamente el texto tiene la última palabra sobre su valor. Hemos destacado la coincidencia a que llegaron las investigaciones sociocríticas y psicocríticas sobre la obra de Racine: el teatro de este autor responde igualmente a los interrogantes planteados desde uno y otro métodos. Vamos a ver cómo *Yerma* ofrece una multiplicidad de sentidos desde cualquiera de los métodos y, desde luego, más desde todos. Podremos también comprobar algo muy interesante y es que los códigos sociales, éticos, religiosos, literarios, etc., que presidieron, a través de su autor, el proceso de creación del drama, no son los mismos que hoy aplica el público al interpretarla, y no son los mismos que presidieron sus puestas en escena.

Iniciamos la investigación partiendo de algunas consideraciones y algunos datos que nos ofrece I. M. Gil en el prólogo a la edición que ha preparado para la Editorial Cátedra, que venimos utilizando.

Parece ser que Federico comenzó esta obra poco después del estreno de *Bodas de sangre* (8 de marzo de 1933), pues en mayo habló de su proyecto a su amigo C. Morla, y en julio, en una entrevista concedida a José S. Serna, dice textualmente; *"Bodas de sangre* es la primera de una trilogía dramática de la tierra española. Estoy precisamente, estos días, trabajando en la segunda, sin título aún, que he de entregar a la Xirgu. ¿Tema? La mujer estéril". En julio de 1934 la tragedia ya tiene título, pues en una entrevista con J. Chabás dirá Lorca: "Ahora voy a terminar *Yerma,* una segunda tragedia mía (...) será la tragedia de la mujer estéril. El tema, como usted sabe, es clásico. Pero yo quiero que tenga un desarrollo y una intención nuevos. Una tragedia con cuatro personajes principales y coros, como han de ser las tragedias".

Cartel para Yerma.

76

Las intenciones del autor están expuestas con claridad meridiana sobre el tema, la situación, el desarrollo, el sentido... Vamos a ver lo que ocurre una vez que la obra se termina y se entrega para su lectura y representación.

Yerma se estrena en diciembre de 1934 con éxito de crítica y público: el 12 de marzo de 1935 se hace la representación número cien. En 1960 L. Escobar hace una nueva puesta en escena con Aurora Bautista en el papel de Yerma, pero será en 1970, bajo la dirección de Víctor García y la actuación de Nuria Espert, cuando llegue la consagración universal. En la realización de V. García los elementos simbólicos cobran mayor relieve frente a los signos realistas de las interpretaciones anteriores.

La historia externa, los propósitos del autor y sus juicios, son datos que pueden contrastarse con las lecturas posibles del texto. Destacamos la idea de Federico de hacer una *trilogía dramática de la tierra española,* que parece crear expectativas sobre su tono realista y que se advierte en el texto en alusiones a códigos sociales (trabajo del campo, vida doméstica, riqueza en ganados, etc.) y culturales (conocimientos prácticos, saludadora, peregrinación a la ermita, etc.), que sin duda orientaron las primeras escenificaciones. Destacamos también la afirmación de que se trata de un tema clásico, pero con intención y desarrollo nuevos: la obra parece situarse en un intento de renovación del mito según la circunstancias actuales de un tiempo y un espacio; pero no se ve con claridad donde está el mito y dónde se inicia la anécdota: parece demasiado personal, demasiado estridente el grito de Yerma; tampoco se ve con claridad cuales son los cuatro personajes principales; sí se dibujan bien los coros (el de las lavanderas, el de los romeros) que, de modo renovado, representan al pueblo que recoge los ecos de las voces trágicas y la sabiduría popular que sugiere, enmarca y justifica la conducta de los personajes.

La ambientación en tierra de España, aparte de explicar alusiones a códigos sociales y culturales, que sirven de fondo anecdótico, introduce también en la obra elementos trágicos, como ocurre con el código social de la honra. Advertimos, sin embargo, que no es el código de honra a la española (calderoniano), el que mueve aquí las conductas, porque se relativiza bastante, y esto es un acierto de *Yerma* sin duda. Juan reduce la honra a que su mujer esté en casa y no salga sola; Yerma entiende que no hay ningún mal en salir y en hablar con la gente y que la honra es la fidelidad; la Vieja pagana, tiene un sentido muy diferente de la honra, y no parece extranjera: habrá que darle un lugar en esas tierras de España.

Si de los códigos pasamos al tema, encontramos un planteamiento extraño. Si *Yerma* es la mujer estéril, y el nombre parece "transparente"en este sentido, ¿por qué las culpas se proyectan sobre Juan?. Si Yerma es estéril, ¿qué sentido tiene esa propuesta de abandonar a Juan para irse con el hijo de la Vieja? Más que la tragedia de la mujer estéril, y puesto que no se aclara en toda la obra si es ella, o es él, o son los dos (como parece afirmar Juan al final), es la tragedia de la falta de hijos, la frustración de un deseo de maternidad. En la escena final Juan dice con toda claridad que no pueden tener hijos: "ni tú ni yo". La tragedia se ha desarrollado no tanto por la falta de hijos, cuanto por la actitud que ante este hecho tienen Juan y Yerma. La muerte de Juan a manos de Yerma no puede explicarse de otro modo: si él se lamentase con ella de la falta de hijos, que afecta a los dos, no cabría ese final. Es extraño que Juan se acerque a Yerma en la última escena, cuando ha pasado la obra huyendo de ella y de su acoso: ahora sabe que no lo abandonará, ni siquiera por el hijo; sabe que le es fiel y que rechaza los consejos de la Vieja, pero este conocimiento no parece causa suficiente para un cambio tan radical en la conducta amorosa de Juan.

Hay, pues, una serie de conductas, de relaciones que parecen planteadas en forma extraña, si se lee la obra desde un código realista.

En una perspectiva sociológica, al poner en relación a *Yerma* con los llamados por Ch. Metz "códigos de contenido" (ideológicos, axiológicos, epistemológicos, etc.) que son extra-literarios, pero pasan a la obra como marco y ambiente para la acción, nos encontramos con un tópico pueblo andaluz de ambiente rural, campesino y ganadero: los riegos, los rebaños, la poda de los árboles, el trabajo en los olivos... son las tareas cotidianas de Juan; el cuidado de la casa, la costura, el lavado de la ropa... son las labores propias de las mujeres. Todos estos indicios ambientan el drama y no intervienen funcionalmente en él. Los códigos de la honra están asumidos por los personajes de modo diverso; unos saberes vitales mínimos están incorporados a la cultura que denotan María, Víctor, la saludadora, las muchachas, etc.

Carece de fuerza dramática el código religioso; aunque son frecuentes las alusiones a él, se toma en su aspecto social; en el C. 2º, al preguntar a la Vieja por las causas de su esterilidad, exclama Yerma: "!Que Dios me ampare!" y contesta la Vieja: "Dios, no. A mí no me ha gustado nunca Dios. ¿Cuándo os vais a dar cuenta de que no existe? Son los hombres los que tienen que amparar (...), aunque debía haber Dios, aunque fuera pequeñito, para que mandara rayos contra los hombres de simiente podrida que encharcan la alegría de los campos" (57). En general, las alusiones a Dios y a la iglesia son culturales; no parece que Yerma pueda encontrar en un sentimiento religioso vivo algún alivio a su desesperación, ni tampoco parece que Juan la empuje a una resignación basada en prácticas religiosas, aunque sólo fuesen externas; el código religioso no se incorpora a la obra para orientar conductas: no se alude a él nunca para rechazar el adulterio, como se cita la honra y la casta, por ejemplo. No hay sentido de "pecado"; sí hay sentido de "honradez", de modo que es más fuerte el código social que el religioso para encauzar las conductas.

Si de los datos externos y de los códigos culturales y sociales pasamos a un análisis sintáctico del drama, podemos verificar que las funciones, los personajes, los tiempos y los espacios, actúan como sistemas concurrentes hacia un sentido único, en la lectura que vamos a proponer.

Hay un hecho que sorprende de inmediato en *Yerma,* y es que no tiene argumento: no hay funciones y no hay una estructuración sintáctica; hay solamente un proceso de intensificación de un enfrentamiento. Las conversaciones Yerma-Juan, Yerma-María, Yerma-Víctor, que se repiten en varios cuadros no son funcionales, son informativas sobre las relaciones del matrimonio, sobre el pasado de Víctor, o sirven de contraste en el caso de María, pero ni estas escenas, ni otras circunstanciales en las que Yerma habla con diversas gentes del pueblo, constituyen un esquema causal en el que una escena dé lugar a otra como consecuencia. En ningún momento podemos reconocer un planteamiento, un nudo y un desenlace al problema (aunque sí un comienzo y un desenlace textuales, como es lógico). La situación presentada en el primer diálogo, la de un matrimonio sin hijos, se mantiene en todo el texto, hasta el final en que llega la muerte de Juan inevitablemente por intensificación del desacuerdo. Pero no se cierra el problema: Yerma pasará de casada sin hijos, a viuda sin hijos. Hay un ritmo dramático que preside la obra y que hace verosímil, no temáticamente sino dramáticamente, la muerte de Juan.

Las conjunciones y disjunciones de los personajes corren paralelas a la actitud de un diálogo cada vez más desesperado, en una estructuración no literaria, sino musical.

Si del análisis de las funciones pasamos al del *tiempo,* vamos a encontrar dos planos: las *referencias cronológicas* y las alusiones simbólicas al tiempo solar y al onírico.

Yerma dice en la primera escena que llevan casados *24 meses;* en la segunda (sin ruptura, y dentro del primer acto), dice a María que lleva casada *dos años y veinte días:* o precisa la afirmación anterior, o entendemos que ha pasado tiempo de una escena a otra, a pesar de que se presentan seguidas, con Yerma siempre en escena como personaje coordinador.

Siguen las alusiones al tiempo: en el Cuadro 2º del primer Acto dice Yerma a la Vieja que lleva casada *tres años.* Y en el Acto segundo es Juan el que se queja de que "hace más de cinco años" (77) que Yerma está con sus obsesiones.

Estas referencias al tiempo cronológico cumplen una función semántica; el dar verosimilitud a la creciente desesperación de Yerma: a partir del acto II (cuadro segundo), el diálogo entre ella y Juan, que fue posible en el cuadro primero, y apurando también en el segundo del primer acto, es sustituido por una lucha encarnizada en escenas de enfrentamiento cara a cara, en las que las palabras suscitan respuestas rápidas, hirientes, resentidas; el diálogo de la primera escena en el que hay preguntas y contestaciones adecuadas, en el que cada interlocutor adopta el rol alternativo de hablante y oyente, en el que las palabras se insertan en argumentos y se avanza hacia un acuerdo, se hace imposible en el segundo acto; las palabras no tienen función verbal, actúan como otros sistemas de signos escénicos, por ejemplo la música, o la luz, que suscitan y representan enfrentamiento. La palabra en situación cara a cara concurre con signos paralingüísticos (hay que suponer que se eleva el tono, que se habla precipitadamente, que se subrayan ciertas palabras, como los pronombres: yo, tú, o adjetivos, como "casada", que según las acotaciones se dice "con asombro", y proliferan en el texto los signos de interrogación, admiración, etc.), kinésicos (en el cuadro segundo del acto segundo hay un movimiento de fondo de las Hermanas que van lentamente de un sitio a otro, mientras que sin duda alguna Yerma se mueve con rapidez, gesticula, frente a Juan que se verá envuelto en el ritmo de ella), proxémicos (Juan y Yerma se acercan, se separan, y no sólo físicamente, hay que calcular resquicios de esperanza y de acercamiento psíquico, siguiendo las palabras del diálogo, a pesar de su tensión). Destaca el hecho de la repetición de palabras que reparten el espacio lúdico de los dos sexos enfrentados: "Cada hombre tiene su vida / y cada mujer la suya" (76) // "¿Es que te falta algo? / Sí, me falta" // "Piensa que eres una mujer casada / Casada!" (78)....

El sentido que adquiere el *tiempo cronológico* queda mejor perfilado al contrastarlo con otras expresiones temporales del texto, por ejemplo, el *tiempo solar,* que tiene un indudable valor simbólico. El discurso se inicia con una *extraña luz de sueño* (tiempo onírico), que desemboca en una *alegre luz de mañana de primavera;* pasamos a pleno día en el cuadro segundo cuando Yerma y otras mujeres del pueblo vienen de llevar la comida a los hombres que trabajan en los olivos y continúa hasta que Juan se despide al final del Acto I para toda la noche. Parece que ha transcurrido un día completo a lo largo de los dos cuadros del primer acto, pero no es así, puesto que el texto aclara que ha pasado un año aproximadamente. Interpretamos, por tanto, que el tiempo solar no tiene un valor referencial, se menciona para añadir dramatismo a la escena, señalando actitudes y conductas: luz irreal del sueño /luz real de la mañana con la esperanza viva de Yerma -plenitud de las horas del día con inquietudes y preguntas-, presagios de la noche de Yerma solitaria.

El cuadro de las lavanderas parece situado fuera del tiempo: no es tiempo de acción, es tiempo de ecos; el cuadro segundo anuncia que *atardece* y Yerma ha salido a la fuente "para tener agua fresca en la comida": dentro de la escena, como había ocurrido en el primer acto (primer cuadro) hay una dislocación temporal entre la historia y la representación: la escena mantiene presente a Yerma que habla con Juan, con Víctor, con María, con la hija de Dolores en diálogos rápidos que no pueden consumir el tiempo como para que sea real la *última luz de la tarde* que ilumina la escena y no encajaría en una temporalidad mimética la acotación final del acto: "la escena está oscurísima".

El acto tercero es seguido respecto a la acción del segundo y "está amaneciendo" cuando Yerma y Dolores la conjuradora han vuelto del cementerio de hacer sus ritos y, ya en casa de ésta, llegan Juan y sus hermanas.

El cuadro final queda, como el coro de las lavanderas, fuera de un tiempo real, parece un tiempo onírico en el que los ritos, los mitos, las tradiciones paganas y cristianas se incorporan a un presente con vejez de siglos: delante de la ermita se levanta Dionisos. En todo caso, estamos en otro día y "empieza a anochecer" (101).

El tiempo solar recorre simbólicamente desde la mañana de primavera y de sueño, de esperanza en el hijo, hasta la noche del conjuro y de la desesperanza en la que lo social (la honra) rechaza lo natural (el hombre). Los cinco años de matrimonio (tres de discurso y dos que llevan casados al comenzar el drama) son un largo día en el que se pasa de la ilusión formulada primero en sueños y visualizada en el pastor que lleva de la mano a un niño vestido de blanco y luego en el diálogo Yerma-Juan; llega a la plenitud del día en el campo, y arriba a la noche que se repite en casa de Yerma, en casa; de Dolores, en la ermita: es la noche del sentido y de la desesperanza. Yerma no puede esperar nada en su casa; no confía en los conjuros de Dolores, que no sirven para su propia hija; descubre que la esperanza en el milagro del santo de la ermita es una pantalla para el adulterio. Ya no hay salida para esa noche total.

Maternidad.

El tiempo se convierte, pues, en *Yerma* en un elemento semántico que pone en contraste los sueños con la vida, los ritos y creencias con la realidad por medio de contraposiciones entre un tiempo cronológico (secuencia de tres años) y un tiempo solar (mañana / tarde / noche).

Los *espacios dramáticos* son, en relación inmediata al tiempo, unos oníricos, reales otros. Dentro de éstos, el interior de la casa de Yerma, el interior de la casa de Dolores y el campo abierto; aparte quedan los espacios de los coros: el torrente de las lavanderas donde oímos los ecos del drama en el pueblo, y la ermita donde el código de la honra que actúa como canon de conducta en la vida del pueblo, y desde luego en la de Yerma y Juan, es desplazado por un paganismo dionisíaco.

No hay un uso semántico del espacio, a no ser del espacio lúdico, que se identifica con los signos proxémicos de la conjunción y disjunción de los personajes: Juan huye continuamente de Yerma en una especie de presagio de la escena final; su único acercamiento espontáneo a su mujer, lo conduce a la muerte.

Las conjunciones y disjunciones de los personajes y la proxémica presentan el cuadro siguiente: en la primera escena Juan marcha y queda en casa Yerma; el segundo encuentro es en el campo, él se queda y ella debe irse a casa; tercer encuentro: Juan está en casa y llega Yerma de la fuente; el cuarto es en casa de Dolores y el quinto en la ermita.

Estamos, pues, ante una obra en la que no hay funciones, en la que el tiempo y el espacio tienen un valor simbólico y alejado de lo que puede entenderse por un tratamiento realista, a pesar de que los códigos sociales y culturales penetran en el texto, como hemos puesto de relieve.

Al estudiar con detalle a los personajes, vamos a comprobar la misma situación, bajo una apariencia de personalidad y de individualidad, los personajes parecen símbolos, o podemos interpretarlos como tales.

Si *Yerma* es la "tragedia de la mujer estéril" debe organizarse funcionalmente sobre un solo actante; pero la obra fue anunciada por su autor como un drama clásico con cuatro personajes y coros. Los cuatro personajes no se ven: textualmente Juan y Yerma son los principales y entre ellos discurre el enfrentamiento que se intensifca hasta llevar a la muerte; María actúa como confidente y contraste con Yerma; Víctor da figura a ilusiones y deseos de Yerma, y en esta misma función entra la Vieja que tienta a Yerma: Víctor es, sin él definirse, la tentación de Yerma; la Vieja es directamente la tentación que Yerma rechaza.

La obra desarrolla el enfrentamiento de Juan y Yerma, pero no por causas exteriores a la pareja, como podrían ser los celos, el adulterio, de uno o de otro. El tema desencadenante del enfrentamiento es la falta de hijos, pero, ante todo, la diferente actitud de uno y otro.

El cuadro de actantes, es decir, de personajes funcionales, que ha propuesto A.J. Greimas y que ha admitido la teoría semiológica literaria, está organizado por parejas: Destinador-Destinatario; Sujeto-Objeto; Ayudante-Oponente, que se corresponde en la serie de los primeros: Destinador (propone la acción), Sujeto (realiza la acción), Ayudante (actúa con el Sujeto), correlativa con la serie de los segundos: Destinatario (para quien se realiza la acción), Objeto, (lo buscado), Oponente (contrario al Ayudante y al Sujeto).

En *Yerma* es difícil aplicar este esquema porque muchos actantes se presentan en sincretismo o en forma abstracta, y concretándonos a los personajes textuales, observamos que todos están en la órbita de Yerma: María, la Vieja, Víctor, las muchachas, Dolores, etc., las únicas que cabe situar en la órbita de Juan serían sus hermanas, que están para cuidar a Yerma y son figura de la vigilancia que Juan intenta proyectar sobre su mujer.

El drama, pues, se centra en un personaje, Yerma, que sirve de polo a todos, y un segundo personaje de menor relieve, pero necesario funcionalmente para que pueda haber enfrentamiento e intensificación por un motivo claro, la falta de hijos, pero oscuramente planteado: la esterilidad de él, de ella, la falta de voluntad de él (según una creencia extendida en Andalucía, la falta de deseo del hombre impide la generación)... El drama se plantea sobre la falta de hijos y se desarrolla en un enfrentamiento entre dos modos de vivir ese hecho.

Con este planteamiento no parece inverosímil considerar la pareja Juan-Yerma como un desdoblamiento de un personaje homosexual. Todos los diálogos, si se parte de esta lectura, podrían interpretarse como diálogos internos entre un principio masculino y uno femenino; éste va haciéndose dominante hasta acabar anulando al masculino y la posibilidad de tener hijos.

Cuando Yerma se queja de la falta de hijos en la primera escena del drama, el lector o espectador carece de un marco de referencias inmediato y carece de expectativas ante los personajes; al ir avanzando la obra, el tiempo y los espacios internos de la pareja van creando un horizonte de pasado textual que sirve de marco más amplio a las escenas.

La interpretación "realista" suele ver en la muerte de Juan una especie de necesidad dramática que descarga la insoportable tensión a que se ve sometida Yerma. Pero la víctima real -no la dramática que se identifica con el sujeto, es decir, con Yerma- es Juan: su falta de deseo por Yerma parece motivada por un temor irracional, que es el temor de Lorca ante lo femenino. Este temor justifica el que se adopte el punto de vista de la mujer: la visión que domina en *Yerma* es la de ella. Juan parece movido sólo por la honra, parece temer que sus pretensiones amorosas lo lleven a la muerte, y huye continuamente del asedio de la mujer que lo anulará; simbólicamente Juan quiere reducir a Yerma a los límites de su casa: el tema reiterante de su actuación es que Yerma no salga de casa: allí tendrá todo lo que él puede darle, pero que no salga; la tendencia de Yerma es la contraria, salir de su casa, puesto que no está él, puesto que no tiene hijos. El tema de la mujer castradora se convierte en el subtexto de *Yerma* y da sentido a planteamientos y pasajes que de otro modo pueden parecer poco claros.

Esta lectura, que se apoyaría en una explicación psicocrítica por relación al autor, explicaría también la estructuración actancial y los planteamientos ambiguos entre hechos y culpas (¿Juan es realmente estéril, o no quiere hijos? ¿Es Yerma la estéril?, entonces ¿qué remediaría al irse con el hijo de la Vieja?, y si es así, ¿por qué se plantea en la obra como un caso de honra y no de imposibilidad física?, etc.). También desde esta lectura empezaría a tener sentido algunas frases un tanto extrañas del texto:

Juan: "lo que pasa es que no eres una mujer verdadera" (78)

Yerma: "yo no sé quién soy" (79)

          "acabaré creyendo que yo misma soy mi hijo" (82)

          "mis pasos me suenan a pasos de hombre" (82)

          "sé que los hijos nacen del hombre y de la mujer. ¡Ay, si los pudiera tener yo sola!" (93).

Y la frase final de Yerma: "¿Qué queréis saber? No os acerquéis, porque he matado a mi hijo, ¡yo misma he matado a mi hijo!", que enlaza con la anterior "acabaré creyendo que yo misma soy mi hijo", y con otra en que también se identifica con su hijo a través de su marido: "el primer día que me puse novia con él ya pensé en los hijos. Y me miraba en sus ojos. Sí, pero era para verme chica, muy manejable, como si yo misma fuera hija mía" (56).

Un motivo constante es, pues, esa identificación de Yerma con Juan a través del hijo, y con el hijo a través de Juan. Parece que la renuncia al hijo pasa por la muerte de Juan, es decir, por la anulación de la parte viril de ese ser ambiguo Yerma-Juan.

El análisis de los elementos sintácticos de la obra dramática: personajes, acciones, tiempos y espacios, lleva a interpretaciones que pueden encontrar apoyo en teorías psicocríticas. Leída *Yerma,* o representada, desde una perspectiva realista resulta extraña en sus planteamientos: el ansia de Yerma por los hijos parece excesiva en una mujer; llega a asustar a Juan que la rechaza continuamente, incluso en forma violenta ante Dolores y ante sus hermanas:

YERMA (*en un arranque y abrazándose a su marido*):

Te busco a tí. Te busco a tí, es a tí a quien busco día y noche sin encontrar sombra donde respirar. Es tu sangre y tu amparo lo que deseo.

JUAN.

Apártate

YERMA.

No me apartes y quiere conmigo

JUAN.

Quita!

YERMA.

Mira que me quedo sola. Como si la luna se buscara ella misma en el cielo. !Mírame! (*Lo mira*)

JUAN. (*La mira y la aparta bruscamente*):

Déjame de una vez!

YERMA.

¡Juan! (*Yerma cae al suelo*) (96-97).

Y frente a esta escena, la final invierte los papeles y lleva a la muerte, ya presagiada en el símbolo de la luna (Yerma = la luna):

YERMA.

¿ Qué buscas?

JUAN.

A tí busco. Con la luna estás hermosa.." (111).

Todo este juego de búsquedas y rechazos, de identificación con el hijo, de enfrentamientos verbales, más parecen diálogos interiores, pensamientos que asaltan y se rechazan en una lucha interna de un personaje que no se conformase con su ser, con sus apetencias, con sus propios deseos sobre los que mantiene un interdicto personal y social y que únicamente podría presentar, bajo la figura del hijo, una expresión aceptable exteriormente, no sólo para la sociedad, sino, sobre todo, para el autor.

El conflicto dramático, surgido en el inconsciente, es relegado por una presión personal, familiar y social fuertes y sólo aflora bajo formas que soslayen ese interdicto de la razón ante las presiones diversas.

Pienso que la escenificación realista da sentido a una buena parte de *Yerma*, y permite entender ambientes, situaciones, relaciones de los personajes, incluso las conductas hasta unos determinados límites y por relación a unos determinados códigos sociales. La lectura psicocrítica y semiológica, sin desechar la realista, enriquece el sentido de Yerma y justifica el éxito de una puesta en escena simbolista. Es una obra que sugiere, más allá de lo inmediato, un subtexto inquietante. Es posible que el éxito mundial de la puesta en escena de Víctor García y la actuación de Nuria Espert, derive de esa "extrañeza inquietante" que han sabido reflejar en la realización escénica y que, como dice Freud, producen las grandes obras que, como *Los hermanos Karamozov, Hamlet,* el *Moisés* de Miguel Angel, etc., ocultan y a la vez manifiestan, con una fuerza terrible, los graves conflictos internos vividos por sus autores y trasladados a sus personajes.

La psicocrítica se da la mano con la semiología para explicar, en los signos literarios, los sentidos expresados sólo parcialmente, a través de planteamientos, relaciones, conductas, etc., que parecen raras en una visión normal.

Creo que habría que tender puentes entre los diversos modos de ver la obra literaria para leerla mejor, más ampliamente, más profundamente.

REFERENCIAS BIBLIOGRÁFICAS

GIL, I. M. (1983), Prólogo a *Yerma*, Madrid, Cátedra, 8ª ed.

GOLDMANN, L. (1976), *Le Dieu caché. Étude sur la vision tragique dans les Pensées de Pascal et dans le Théâtre de Racine*, Paris, Gallimard.

KERBRAT-ORECCHIONI, C. (1980), *L'énonciation de la subjetivité dans le langage*, Paris, Colin.

MAURON, Ch. (1974), *L'inconscient dans l'oeuvre et la vie de Racine*, Paris, Corti.

---- (1976), *Des métaphores obsédantes au mythe personnel. Introduction à la Psychocritique*, Paris, Corti.

SEGRE, C. (1981), *Semiótica y cultura*, Barcelona, Ariel.

BODAS DE SANGRE Y EL CINE:
UNA MIRADA SOBRE EL ESPEJO

José Bolado

En relación al progresivo aumento del interés social por la obra dramática de F.G. Lorca ha ido creciendo, lógicamente, el número de adaptaciones, recreaciones o "lecturas" ejercidas desde ámbitos no teatrales.

El cine, que ha mostrado siempre su vocación literaria y sus preferencias por las novelas u obras dramáticas de éxito, no iba a ser excepción.

En la última década, algunos textos dramáticos lorquianos fueron referentes para diversas realizaciones fílmicas. Del conjunto quizá sobresalgan, en sentido cinematográfico, *Bodas de Sangre* (1981) de Carlos Saura y *La Casa de Bernarda Alba* (1988) de Mario Camus, aunque está última queda excesivamente aprisionada por la perspectiva teatral.

Los telespectadores españoles hemos tenido ocasión de ver como *Bodas de Sangre* ha inspirado también películas en medios cinematográficos extranjeros. Así la versión del cineasta argelino Souhel ben Barca, realizada tres años después de la de Saura, y con el mismo título (*Bodas de Sangre*, 1984).

En otro plano, y al margen de este artículo, quedarían las "lecturas" televisivas de obras, fragmentos o antecedentes biográficos lorquianos, especialmente abundantes en fechas próximas a la celebración del cincuentenario de la muerte de F.G. Lorca. Directores tan conocidos como Juan Antonio Bardem y Juan Caño, autor de una controvertida serie televisiva sobre *Mariana Pineda,* lograron los más interesantes resultados televisivos.

BODAS DE SANGRE

De todo el material fílmico con referencias lorquianas, en mi opinión, sobresale la película de Carlos Saura.

Bodas de Sangre de Saura fue planteada desde la materialidad de un ballet que, sobre el mismo texto dramático, creó Antonio Gades con la colaboración de Cristina Hoyos.

El planteamiento general de la película -guión técnico- nos indica ya la pretensión de Carlos Saura de integrar en un lenguaje cinematográfico lenguajes de varia procedencia: literatura, kinésica, música... etc. En este sentido, han abierto el campo los análisis de Garroni, 1968; Metz; 1971, Bettetini, 1977, sobre el lenguaje cinematográfico.

De acuerdo a la pretendida integración sauriana de varios códigos en un sistema significante nuevo, su *Bodas de Sangre* se diferenciaría -en esencia- del cine "documental" o de las filmaciones lineales de hechos teatrales o de espectáculos, y de igual modo estaría lejos del cine considerado como "ilustrador" en imágenes de obras literarias o teatrales.

Saura, como ha hecho el director del Ballet, selecciona aquellos signos lorquianos que mejor se acomodan a su punto de vista, pero en su caso la selección es una *mirada* y no una puesta en escena. Saura iluminará u oscurecerá la línea de un texto, en una articulación visual, que es de antemano la "idea" de película.

El guión-técnico, en tanto que realidad pre-fílmica, nos lo indica, pero lo relevante es *ver* el hecho cinematográfico: la película.

Quizá sea conveniente, antes, considerar otro elemento: el espectador. Si nos situamos en el contexto del espectador contemporáneo, con el carácter señalado por Bettetini (1977), no cabe duda de que el cineasta cuenta de antemano con la complicidad de un legado cultural, en conveniencia socializado. O, más específicamente, con la suficiente representación iconográfica lorquiana en la imaginación simbólica del público.

Lo anterior nos explicaría no solo la coincidencia de las múltiples "adaptaciones", asunto de disciplina sociológica o de antropología cultural (Durand,1982), sino también aspectos del propio proceso de vertebración interna de la película. Pues, como luego veremos, en el montaje se han eludido signos lorquianos y se han evidenciado otros. Quizá en busca del sentido que preside la organicidad fílmica y contando para ello, y desde dentro, con la complicidad implícita del espectador.

El idealismo arquetípico que exige la estilización dramática del ballet y la música hacen imprescindible un cierto acuerdo cultural previo -sobre el referente literario- y más aún si ese ballet no está "en función" sino a su vez integrado en un lenguaje distinto, el del cine.

En la transposición de redes, el texto de Lorca es vaciado de su poder significante originario para convertirse en un nuevo texto, proyectado en la imaginación simbólica del público receptor. En el juego de cambios la complicidad estética -comunicativa del espectador- irá rellenado en su significación.

A mi entender en la "traducción" la más significativa elusión lorquiana es la de la *luna*. La luna "helada", por falta de contacto con la sangre. La luna, portadora de muerte, que descubre a los amantes huidos... O la luna, que en su representación en la cara de un leñador joven, gozaba de tanta estima en Lorca. Con su ausencia se ha perdido, en la película, la presencia mítica y fatalista de la naturaleza así como una de las claves fundamentales para la interpretación crítica del universo poético lorquiano.

EL FILME

El espectador, desde los genéricos, queda avisado de una propuesta, que es, a la vez, expresión de un origen múltiple: "Lorca-Gades-Saura". En la relación deíctica de los tres nombres se explicita una intención y se manifiesta una producción. Son varios los códigos simbolizados gráficamente y así asociados en la mente de los espectadores. Desde estos genéricos se presenta el cine -la película- como cosa "vasta" que no "tiene más que un acceso", en palabras de Metz (1975). Y si en un filme, por definición, operan códigos diversos, entretejidos, en una producción de las características de *Bodas de Sangre* la complejidad sintagmática aumenta.

Se inicia la apertura con el encuadre de un plano general que compone, iconográficamente, una foto Fija, que en movimientos de *racord* se acerca e individualiza, hasta que la mirada del espectador capta su cualidad: una foto de boda. Su color, el sepia, connota un tiempo: retrotrae al pasado.

La composición del plano y el color producen el sentido. Abre el filme a la narración de un hecho sucedido; de una realidad -la foto- al enunciado de un subgénero. (El cine familiar o de instantánea histórica, Ettore Scola, Robert Altman, etc.).

El plano general de la "foto" de boda por asociación infiere en el referente textual lorquiano que, a su vez, emanó de un suceso ocurrido y publicado en los periódicos. De esta forma la vocación de verosimilitud cinematográfica se espesa en la "historicidad" del texto originario.

Saura privilegia en su punto de vista al signo más conveniente a su medio, el enunciado verosímil. Lo que ya nos explica, en cierta manera, la ausencia de ciertos signos "no realistas", como el anteriormente citado de la luna, y la elección, en cambio, de otros como la historicidad simbolizada en la "foto".

Con la imagen-acción, en concepto de Deleuze (1983), comienza propiamente la narración cinematográfica. En una escena de planos generales, unidos escenográficamente (un camerino) y con entrada en ellos de un actor, visualizado en su relación con los objetos (fetiches), queda montada una eficaz imagen en espiral. En términos de Peirce, "synsigno". Todos los elementos visuales del campo cobran sentido en tanto que se relacionan con el actor. Vestidos, zapatos, ramo de novia -de plástico-, etc., son organizados y distribuidos espacialmente por el atrezzista. En esa operación quedan también distribuidos los espacios del plano general.

La iluminación, blanca mate y brillante, focal, cuando privilegia los fetiches, contribuye igualmente a simbolizar, por ejemplo, en el ramo de flores, de novia, o en los zapatos blancos, de novia, la imagen de un ámbito escénico, perteneciente a un grupo de baile, en cuya acción se fabula una boda.

La irrupción de los actores y actrices -numerosa- y la sintonización del sonido -directo-, voces y ruidos, confirman el indicio.

En planos saturados, por el grupo de actores, se resuelve la imagen -acción, sintéticamente-. A los ojos de los espectadores se presenta un ballet.

En la escena siguiente se intensifica el contenido, con primeros planos de un icono (Gades) representando a Antonio Gades, y componiendo una de las escasas imágenes-afección de la película. En ella, un rostro (icono) habla y mira a los espectadores, a través de un espejo del camerino, en un juego realidad/apariencia propio del engañoso "cine verdad". Fuera de campo, una voz -indicio de un entrevistador- facilita la resolución, sin que la imagen transgreda la tradicional interdicción cinematográfica que impide la apertura del campo hacia la sala de espectadores (Casetti, 1.989).

Encadenan los planos de Gades una escena que alcanza la totalidad de sentido: el ballet de Gades se dispone a ensayar *Bodas de Sangre*. Con anterioridad la saturación de fetiches, en guiño al espectador avisado, habría informado de su celebridad: etiquetas de viaje, pegatinas de lugares famosos, genérico "Gades".

El tiempo, en presente; acodada la acción al tiempo real del espectador.

Los preliminares enunciados marcan, de este modo, la acción interior, el núcleo de la fábula fílmica: el Virtual ensayo general donde ocurre todo.

El montaje da prioridad a los planos generales, con fondo saturado por la presencia de numerosos figurantes. Contrariamente se mueven en un espacio rarificado, desprovisto, y con iluminación fría.

La escenografía, blanca, paredes desnudas, ventanas ciegas, y en relación binómica con los actores-bailarines, de ropas oscuras, intensifica la pulsión y el efecto dramático del baile. Éste, como en el cine musical americano (en tipología de Tzvetan Todorov, 1974) se convierte en el centro de la mirada, de la cámara. En torno a él se articulan los espacios y el tiempo, con movimientos de *travelling*, grúa, planos frontales, contraplanos... pero siempre la cámara buscando un eje paralelo a la evolución de los bailarines. Movimientos de lejanía-cercanía hasta alcanzar primeros términos del plano, en cuyos instantes se individualizan los personajes característicos.

De acuerdo con el lenguaje del espectáculo se seleccionan, con frecuencia los planos-detalle, de los pies y las manos. Ellos son, al ser iluminados metonímicamente, fetiches *corporales* que junto a los *objetuales:* toquilla de la vieja, vestido de novia, etc., cargan de información al espectador y dan sentido al espectáculo fílmico, como película dramática de amor y muerte.

Pero el drama perdería fuerza comunicativa, impacto fílmico, si fuese narrado como cine documental (esa característica lejanía que producen las narraciones "objetivas", esa *extrañeza* que producen las narraciones diferidas). Por ello Saura se distancia del cine de ilustración y toma partida por el cine musical.

Bodas de Sangre de Ben Barka.

Se confirma no por la presencia del baile, ya constatada, no por la narración en tiempo presente, ni siquiera por las canciones que interpreta Pepe Blanco y Pepa Flores, sino por el sentido desde el que ordena la mirada.

Es determinante, según Collins y Talens (1981), en la definición del género musical la "puesta en escena de la mirada del espectador". Puede estar presente en escena, como ocurre en ocasiones y entonces ser un espectador diegético, o bien implícito, es decir, implicado en miradas de los personajes. Saura interviene organizando el espectáculo desde laterales. Espectadores con los que se funde el objetivo de la cámara, situados en los ángulos laterales del plano, o, bien directamente en complicidad con un bailarín-personaje, circunstancialmente detenido y que observa la evolución del baile. Ello conduce siempre al efecto deseado, la asociación espectador-personaje y contribuye a la verosimilitud, a la percepción del hecho visual como algo acontecido. La actualidad del hecho intensifica el efecto dramático, lo hace aparecer *vivo*.

Desde la anterior apreciación cobra vigor la recurrencia lorquiana del amor/pasión como desencadenante de la muerte. En un contexto, virtualmente actual, cotidiano, o sentido como tal, emerge el deseo en lucha con la interdicción y provoca la muerte. Los espectadores diegéticos y los espectadores de la sala asisten asociados al desenlace.

La evolución deíctica de los bailarines es seguida por la cámara con movimientos "neutros", de forma que sean el paso de baile, el ritmo del zapateado o los movimientos gestuales del ballet acordes al movimiento fílmico del baile. Con ello la verosimilitud de lo filmado gana en impacto dramático. El espectador sigue una acción que transcurre en su tiempo; atiende las evoluciones del baile, confuso, primero, y después, sorprendido, hila un conjunto de indicios.

Primeros planos de rostros muestran en relación interna (de primer plano con primer plano) las huellas de un drama en el drama. Rostros (iconos) en expresión del afecto articulan un sistema emotivo de indicios: de tensión en el amante, de sospecha en la madre, de miedo y de pasión en la novia, de estupidez en el novio... etc. En su conjunto, componen una línea comunicativa que la narración del filme organiza paralelamente al enunciado gestual del ballet, de tal forma se establecen dos redes psíquicas que se atraviesen y dan lugar a la ambigüedad. Un rostro parece demasiado apasionado para la esperada interpretación convencional del arquetipo, pero cabe la influencia espontánea del temperamento, el modo interpretativo, la fuerza física o dureza del intérprete... Todo un relato de posibilidades dan juego al enigma real/convencional y con él se da paso -en la imaginación del espectador- a la inquietud y al suspense.

El espectador de la sala de nuevo asociado al espectador diegético comprueba su extrañeza en el movimiento afectivo, de extrañeza, de otro rostro.

Hay en este sentido, paralelamente al montaje de la imagen-acción, dominante en el filme, un recurso contrapuntístico a la imagen afección definidora de las cualidades o las potencias. Los rostros, en su cualidad de iconos, son empleados para designar, en este caso, la sospecha. Deleuze (1984) refiriéndose a *La Passion de Jeanne d'Arc,* de Dreyer, distinguía dos sistemas operativos: "Es como dos presentes que no cesan de cruzarse, y el uno no acaba de llegar cuando el otro ya está adquirido".

92

Pèguy, en interpretación de Urrutia (1984) añadía: "que recorremos a lo largo el acontecimiento histórico, pero nos vamos adentrando en otro acontecimiento: el primero se encarnó hace mucho tiempo, pero el segundo continúa expresándose, e incluso busca todavía una expresión. El acontecimiento es el mismo, pero una parte se ha cumplido profundamente en un estado de cosas mientras que la otra es tanto más irreductible de todo cumplimiento... es la diferencia entre el Proceso y la Pasión, no obstante inseparables". De igual modo la representación cinética del drama lorquiano cumplido está desarrollándose y tiene vocación de expresarse. La iluminación -con brillo- de la navaja muestra, de modo iconográfico, y en su apelación a la realidad: peligro latente, además del carácter simbólico específicamente lorquiano, y resuelve la penetración de un sistema en el otro.

La "navaja" atraviesa psíquicamente del narrador a lo narrado y al tiempo que expresa el enunciado. Desde ese plano, el baile es "verdad", el pasado "presente" y *Bodas de Sangre* un destino o la constatación del mito del "eterno retorno".

El plano-detalle de la navaja supone un punto de inflexión, de apertura, que concluye el color rojo, de sangre, en el vestido blanco de la novia. Un indicio de que la caída no es teatral sino *figura* de la muerte.

Saura enriquece su discurso fílmico con tal perspectiva, y da sentido a una película de género que se aparta felizmente del convencional teatro filmado o ballet, en este caso.

Del texto lorquiano ilumina la pulsión desesperada del deseo, como portador de muerte. También la presencia atávica, y negra, del miedo y la fatalidad, en las mujeres.

Curiosamente el cineasta argelino Souhel ben Barka ha elevado a signo portador de sentido el apego de la mujer a la tierra, en una fatal alianza con la naturaleza madre, como permanente renovadora de Demeter.

La novia es empujada por la fuerza del mito; es víctima de una situación injusta.

Los colores ocres, la escenografía exterior, la luz brillante, en contínua relación -synsigno- intensifica el poder aplastante del medio sobre la mujer.

Un ejemplo, una vez más, del punto de vista en la "lectura" artística, y de las necesidades contextuales impuestas por el espectador y, especialmente, por la producción. No sería, así, irrelevante el interés de la sociedad progresista argelina por la condición de la mujer en el mundo islámico. De ello la connotación positiva, comprensión de los leñadores hacia la novia descarriada, que como la mítica Perséfone, se pierde por seguir el mandado de su deseo y ejercer, en acto, su libertad.

EPÍLOGO

Varios signos lorquianos se han perdido, como la ya comentada ausencia del símbolo polisémico de la luna.

Ocurre siempre, no es equivalente la traducción fílmica de un texto o la adaptación novelesca de una película... Distintos códigos y soportes lo impiden, aun suponiendo la "lectura" profunda ideal. Pero en la intraductibilidad consiste también el encanto o la emoción reservada a cada expresión estética.

En la película de Saura faltan presencias lorquianas tan fuertes como la tradición mítica del animismo, pero en cambio se revelan otras. Del ballet nace un dramatismo corporal, expresado en unos dedos que se enlazan; del baile ritual del amor, de ese zapateado, insistente, un galope fantasmal cual si de los caballos lorquianos se tratase. De la voz, esa nana grave, de Pepa Flores, que llena el texto de ternura y pesadumbre... Y del cine, esa mirada cómplice con un drama que es el suyo desde sus orígenes: AMOR Y MUERTE.

REFERENCIAS BIBLIOGRÁFICAS

BETTETINI, G., (1977) *Producción significante y puesta en escena*. Barcelona. G. Gili.

CASETTI, F., (1989) *El filme y su espectador*. Madrid. Cátedra.

COMPANY, J.M. y TALENS J., (1981) *Cenizas del sentido*. Acerca de "Cantando bajo la lluvia". Madrid. Contracampo, 23.

DAGRADA, E., (1982) *Strategia testuale e soggestiva*. Bolonia. Mimeo.

DAGRADA, E., (1985) *Strategia testuale e soggestiva in Spellboud*. En Carte semiotiche, I.

DELEUZE, G., (1984) *La imagen-movimiento*. Barcelona. Paidós Comunicación.

DURAND, G., (1982) *Las estructuras antropológicas de lo imaginario*. Madrid. Taurus.

ECO, U., (1979) *Lector in fabula*. Milán. Bompiani.

GARRONI, E., (1973) *Progetto di semiótica*. Laterza. Bari.

HIDALGO, M., (1981) *Carlos Saura*. Madrid. Ed. JC.

METZ, Ch., (1973) *Lenguaje y cine*. Barcelona. Planeta.

METZ, Ch., (1975) *Essais sur la signification au cinéma*. París. Ed. Klincksiek.

PEIRCE, Ch., (1987) *Obra lógico-semiótica*. Madrid. Taurus.

URRUTIA, J., (1984) *Imago litterae. Cine. Literatura*. Sevilla. Alfar.

TRANSGRESIÓN Y LÍMITE EN EL
TEATRO DE GARCIA LORCA:
LA CASA DE BERNARDA ALBA

Magdalena Cueto

Voy a centrar la lectura de *La casa de Bernarda Alba* en un concepto clave, no sólo para la interpretación y análisis de la obra de Lorca, sino para la reflexión teórica sobre la especificidad del Texto Dramático considerado, como propone Carmen Bobes (1987: 66), en su doble aspecto de Texto Literario, es decir, texto destinado a la lectura, y Texto Espectacular, destinado a la representación y actualizado en los signos no verbales del espectáculo teatral. Se trata del espacio, que en el teatro se manifiesta:

1. Como una exigencia de la lectura, puesto que el desciframiento del texto requiere un contexto espacial de referencia, hasta el punto de que algunos autores, como S. Jansen (1984: 254-289) consideran que el espacio es el principio estructurador del Texto Dramático, de la misma forma que lo es el narrador en el Texto Narrativo, es decir, como el medio de acceso al universo ficticio del texto, y
2. Como el ámbito mismo de la representación, donde se realiza y actualiza el espacio exigido y generado por el texto. Considerado así, el espacio trasciende los límites del texto e impone condiciones a la representación.

Tomaré como punto de partida la terminología usual en los estudios de semiología del teatro, tal como la recoge P. Pavis en su *Diccionario del teatro* (1984: 177-187), que en este aspecto debe mucho a los estudios de A. Ubersfeld (1974, 1978, 1981), pero incluiré algunas precisiones conceptuales y trataré de describir, a partir de la lectura del texto de Lorca, las relaciones que se establecen entre los distintos tipos de espacio.

Distingue Pavis entre Espacio textual -término bastante desafortunado en mi opinión, con el que designa el espacio tipográfico, del que no voy a tratar aquí-, Espacio teatral,

Espacio escénico, Espacio escenográfico, Espacio lúdico y Espacio dramático (aunque más bien convendría hablar de Espacios dramáticos, como veremos enseguida).

No me detendré en el estudio del Espacio teatral puesto que su relación con los textos suele ser muy indirecta y, además, requeriría una perspectiva histórica, porque cada momento cultural - y en este sentido el teatro contemporáneo es una excepción- suele atenerse a una concepción determinada del Espacio teatral. Por eso raramente encontramos en los textos referencias al Espacio teatral requerido, que, sin embargo, puede manifestarse indirectamente a través de indicaciones espaciales de otra clase. Por ejemplo, no tendría mucho sentido escoger un escenario abierto o colocar espectadores en la escena para una representación *standard* de *La casa de Bernarda Alba,* cuando el texto reclama una escenografía y un juego interpretativo que simbolicen un espacio interior cerrado, que se opone a un espacio exterior abierto sólo aludido; en este caso, la escena naturalista cerrada será perfecta: separará la escena del público, encuadrando la acción en un espacio ocluido e inaccesible. (Mientras que, por ejemplo, el teatro épico se acomoda mejor a una escena abierta y rodeada por los espectadores, es decir, un tipo de configuración espacial que facilite la participación crítica del público).

El Espacio escenográfico y el Espacio lúdico se realizan en los signos no verbales de la representación, pero, a diferencia del Espacio teatral, cuya relación con los textos sólo puede establecerse indirectamente y a través de la historia del teatro, el Espacio escenográfico y el Espacio lúdico están diseñados en el Texto Espectacular y, por lo tanto, deben ser visualizados en la imaginación del lector sin necesidad de que se efectúe ninguna puesta en escena.

En principio, el Espacio escenográfico puede definirse como el espacio significado en escena por significantes visuales estáticos, es decir, por la escenografía; y consideramos Espacio lúdico al espacio significado en escena por significantes visuales dinámicos, es decir, por la interpretación y el juego de los actores, por sus gestos y movimientos. Pero esta distinción debe matizarse y completarse. Un objeto como el as de *coeur* sobre el que dispara una de las parcas en *Así que pasen cinco años* puede considerarse significante de espacio lúdico ("en los anaqueles de la biblioteca aparece un as de *coeur* iluminado. El Jugador 1º saca una pistola y dispara sin ruido con una flecha. El as de *coeur* desaparece, y el Joven se lleva las manos al corazón"). Y al contrario, un actor que realice el gesto de utilizar un objeto inexistente crea con su juego un significado escenográfico. También es posible, como veremos, que significantes no espaciales (el sonido, la voz, la música y la palabra) adquieran significado espacial.

Las indicaciones del texto Espectacular para la construcción del Espacio escenográfico y el Espacio lúdico proceden sobre todo de las acotaciones escénicas que contengan indicaciones sobre los lugares en los que se desarrolla la acción, sobre los objetos presentes en esos lugares o sobre las posiciones, gestos y movimientos de los personajes. Pero también el texto dialogado o texto principal (Ingarden, 1971) proporciona información para la configuración y construcción del Espacio escenográfico y el Espacio lúdico requeridos, ya sea directamente -cuando lo que se dice hace referencia a posiciones, gestos, movimientos, objetos, etc.-, ya indirectamente, puesto que el diálogo permite generalmente inferir un contexto situacional con su propia organización del espacio (Veltrusky, 1977). Un ejemplo del primer tipo es el diálogo entre Adela y Martirio, al final del Acto Tercero:

MARTIRIO

    ¿Dónde vas?

ADELA

    ¡Quítate de la puerta!

MARTIRIO

    ¡Pasa si puedes!

ADELA

    ¡Aparta!

Un ejemplo del segundo tipo lo encontraremos en este diálogo que las hermanas sostienen en el Acto Primero:

MAGDALENA

    ¿Qué hacéis?

MARTIRIO

    Aquí.

AMELIA

    ¿Y tú?

MAGDALENA

    Vengo de correr las cámaras. Por andar un poco (...)

AMELIA *(A Magdalena.)*

    Llevas desabrochados los cordones de un zapato.

MAGDALENA

    ¡Qué más da!

AMELIA

    Te los vas a pisar y te vas a caer.

MAGDALENA

    ¡Una menos!

No hay aquí ninguna indicación directa, ni en las acotaciones ni en el diálogo, sobre los gestos y movimientos de los personajes; sin embargo, el espacio lúdico requerido como contexto no verbal se desprende de lo que las mujeres se dicen y puede ser visualizado sin esfuerzo.

El espacio escénico es el ámbito definido por las relaciones dentro/fuera, presencia/ausencia, y, en consecuencia, las entradas y salidas de los personajes son el criterio fundamental para establecerlo. A él se refiere Jansen (1984: 259) cuando dice que el espacio es la condición de la lectura de un Texto como Texto dramático, así como el narrador es la condición de lectura de un Texto narrativo. Por eso las informaciones sobre presencia y ausencia de los personajes, aunque formalmente se manifiesten en el texto secundario, tienen un carácter distinto a las demás acotaciones; ninguna puesta en escena que pretenda ser congruente con lo que el texto propone puede ignorarlas sin alterar sustancialmente la obra (y por eso los textos arcaicos, sin acotaciones, suelen referirse a la presencia y ausencia de los personajes en el diálogo, como sucede con mucha frecuencia en *La Celestina*).

En principio, la congruencia entre el texto y el espacio escénico es total. Todo lo que los personajes dicen y hacen, todo lo que está en el texto principal, está dentro del espacio escénico, se dice y se hace dentro de él, y los espacios contiguos latentes o los espacios narrados se incorporan al espacio escénico por procedimientos diversos. Naturalmente, hay hechos, a veces decisivos, que al parecer ocurren fuera de escena. Por ejemplo, la acción determinante del drama de *La casa de Bernarda Alba,* es decir, la relación clandestina entre Pepe y Adela, tiene lugar fuera del espacio escénico (y también en un tiempo no representado). Hay, digamos, una acción aparente, en presencia, y una acción latente, en ausencia, que gira alrededor de un personaje invisible, Pepe el Romano. Precisamente en la revelación de esta situación velada va a consistir la tragedia. Ahora bien, esta relación oculta se hace presente en el espacio escénico bajo formas de recelo, sospechas, antagonismos, alusiones intencionadas..., hasta el estallido final, la revelación definitiva, y éste es justamente el estatuto textual y escénico de esas relaciones. Lo mismo puede decirse del suicidio de Adela, del que el lector o el espectador se entera a través del gesto y las palabras de la Poncia:

LA PONCIA *(Se lleva las manos al cuello.)*
¡Nunca tengamos ese fin!

El espacio escénico es, en consecuencia, un ámbito topológicamente cerrado, definido por la relación dentro/fuera, y cuando en el curso de la lectura o de la representación sus límites resultan vulnerados, el cierre del espacio es la condición necesaria para que esto suceda. Por ejemplo, la voz de un personaje entre bastidores, la voz en *off*, o lo que en el texto se ofrece como *voz de,* significa que la voz está presente mientras el emisor está ausente, aunque se suponga próximo, y el cierre del espacio es evidentemente la condición del juego: voz presente (dentro), cuerpo del actor ausente (fuera).

Como veremos enseguida, Lorca modifica con mucha frecuencia los límites del espacio escénico por medios escenográficos o lúdicos: el silbido de Pepe el Romano, los cantos de los segadores, los ladridos de los perros, los golpes del caballo en la pared frontera, el griterío de las gentes que persiguen a la hija de la Librada, el diálogo de Bernarda con los mozos de la cuadra, personajes masculinos invisibles, como los hombres del duelo en el Acto Primero, el continuo doblar de las campanas... Pero estas transgresiones creadas y subrayadas por una diversidad de procedimientos suponen la existencia de los límites, hasta el punto de que muchas veces la apertura momentánea del espacio escénico contribuye a poner de relieve la solidez de la casa, es decir, sirve para poner de manifiesto que sus límites son infranqueables. Así han de interpretarse las voces de María Josefa -"déjame salir, Bernarda!"- desde el interior de su habitación, es decir, fuera de escena, que acentúan la sensación de enclaustramiento, el enclaustramiento de una mujer que vive encerrada en el encierro. Lo mismo puede decirse de los cantos de los segadores que entran por la ventana, y su significado de incomunicación entre la casa y el resto del mundo.

El espacio escénico es, en suma, un ámbito espacial topológicamente cerrado, correspondiente al espacio en el que tiene lugar la representación, de tal modo que todas y cada una de las operaciones que componen la representación tienen lugar en ese espacio. Y, por lo tanto, el espacio escénico es un concepto que se refiere a una de las *condiciones* de la representación (Marinis, 1982), mientras que el modo de utilización, ocupación, organización y significación de ese espacio tiene relación con los signos de la representación misma. No es pertinente pues la caracterización del espacio escénico en términos semióticos positivos, ya que por sí mismo nada significa, sino que ha de concebirse como un campo disponible para la producción de sentido (Brook, 1986). Este carácter de campo semiótico, en cambio, sí que es un rasgo pertinente del espacio escénico, pues entre las *condiciones primarias* del espectáculo teatral (Marinis, 1982: 126-131) se incluye la expectativa de semiotización del espacio, es decir, que todo lo que ocurra en él será recibido por el espectador en principio como signo.

Por medio del espacio escenográfico y el espacio lúdico, el espacio escénico se convierte en espacio significante: los muros, los objetos, las luces, los sonidos, los movimientos de los actores, su voz y sus palabras -y también las convenciones culturales de los espectadores- cargan de sentido el espacio escénico en el curso de la representación. Y en la lectura, la semiotización del espacio escénico será en cambio una operación en la que el lector proyecta imaginariamente esos signos por medio de una visualización más o menos precisa de la escenografía y de la conducta de los personajes.

La escena, considerada como un ámbito físico construido (o acotado por cualquier otro procedimiento) para esta función de campo semiótico espacial, será el lugar de mediación entre el espacio escénico y su semiotización. Una escena en blanco, con los laterales y el fondo desnudos, puede significar tanto el opresivo recinto interior de *La casa de Bernarda Alba* como el espacio exterior donde culmina la tragedia de *Bodas de sangre,* y en ningún caso se requeriría una escenografía superpuesta a la escena: en la representación la disposición escénica funciona inevitablemente como escenografía. Las propiedades físicas reales de la escena, sin decoración alguna, funcionarán como significantes en la representación. Por lo tanto, y aunque se revista normalmente con decorados, objetos, luces, etc., lo que entendemos por escenografía no tiene por qué restringirse a estos elementos añadidos, sino que puede utilizarse como tal el conjunto de caracteres físicos de la escena sin decorar, es decir, en la representación la escena se ofrece y se recibe ya como espacio escenográfico, como espacio significante. Y por su parte, la interpretación de los actores semiotiza el espacio escénico como espacio lúdico.

En la operación de puesta en escena, o lo que es lo mismo, en el tránsito del espacio escénico vacío al espacio semiotizado, significante, se hace patente la interacción de signos de diversa procedencia y su relativa conmutabilidad funcional (Kowzan, 1969 y 1975; Bogatyrev, 1971: 517-530). El teatro se realiza como un conjunto de signos de diferente naturaleza que operan simultáneamente sobre los sentidos. Es, en la acertada frase de Roland Barthes (1983: 50), una polifonía informacional, un espesor de signos, un derroche semiológico. Pero esta tendencia a la redundancia significativa tiene su contrapartida en la economía semiótica bajo la forma de una parcial intercambiabilidad funcional (Honzl, 1971: 5-20), como decíamos hace un momento.

Podemos, pues, precisar las definiciones de espacio escenográfico y espacio lúdico que proponíamos inicialmente. En principio puede considerase que ambos son conjuntos de signos icónicos, es decir, significantes espaciales -objetos, muros, movimientos, gestos...- de significados también espaciales. Por ejemplo, los muros gruesos y las puertas y ventanas cerradas de *La casa de Bernarda Alba* son significantes espaciales (en este caso estáticos, escenográficos), con significado espacial: "interior de casa cerrada". Pero la conmutabilidad del signo teatral hace posible tanto la utilización de significantes lúdicos para significados escenográficos (y viceversa), como la utilización de significantes no espaciales con significados espaciales, que vienen así a sumarse al espacio escenográfico y lúdico.

La función única de dar significado al espacio escénico, ese ámbito semióticamente vacío y disponible par la producción de sentido, puede encomendarse simultánea o alternativamente a varios tipos de signos. Pero la condición complementaria es la de la convergencia de dichos signos, porque esa espacialización habrá de ser congruente con la función genérica de simbolizar el esquema argumental (Lotman, 1973) o actancial (Ubersfeld, 1974 y 1978), es decir, tendrá que cooperar en la creación del espacio dramático. Podemos decir, por tanto, que los significados espaciales (lúdicos o escenográficos) que se articulan a partir de significantes espaciales o no espaciales, funcionan simultáneamente como significantes del argumento, como espacio dramático.

El primer soporte argumental de *La casa de Bernarda Alba,* entendiendo *argumento* en el sentido de Lotman (1973: 321), es la división del universo dramático en dos ámbitos con valores enfrentados que se estructuran y configuran espacialmente como "interior de la casa"/ "mundo exterior"; la transgresión de los límites espaciales indicados en el texto, así como la irrupción eventual de los personajes de un mundo en otro, desencadena el conflicto dramático:

> "En ocho años que dure el luto no ha de entrar en esta casa el viento de la calle. Hacemos cuenta que hemos tapiado con ladrillos puertas y ventanas. Así pasó en casa de mi padre y en casa de mi abuelo".

Ahora bien, si la tragedia de Lorca consistiese sólo en eso, es decir, dos espacios textuales fijos y personajes adscritos a cada uno de ellos, nos hallaríamos ante un texto particularmente simple, del tipo de los que se encuentran habitualmente en la literatura folklórica. Sin embargo, la matriz armental suele ser más compleja: distintos personajes no solamente corresponden a diversos espacios, sino que generan diversos modos de segmentación del espacio, a veces incompatibles (y por lo tanto potencialmente conflictivos), es decir, el mismo universo textual puede ser diversamente fragmentado según los personajes, situaciones, etc., de donde surge como una polifonía del espacio, un juego constante por medio de las diversas maneras de segmentación.

Y, en efecto, a partir de la estructura semántica binaria que está en la base del proceso constructivo de *La casa de Bernarda Alba,* se descubre una compleja organización espacial absolutamente congruente con el dinamismo de los conflictos y antagonismos que se establecen entre los personajes y el mundo y los personajes entre sí.

El curso de la acción irá revelando que el espacio interior, semiotizado escenográficamente por los muros que cierran la escena, no es un espacio tan ocluido y hermético como Bernarda pretende; de fuera llegan comentarios, rumores, voces, sonidos, que unas veces funcionan como llamada a la libertad -y simultáneamente como cierre-, y otras veces prolongan y reproducen, más allá de los muros de la casa, idénticos valores, actitudes y conflictos.

La relación de continuidad o complementariedad entre el espacio interior y el espacio exterior se establece desde el comienzo de la obra, en la primera acotación del autor. Al silencio umbroso de la casa, aislada con la solidez de una fortaleza, llegan los sonidos de las campanas, que desbordan los límites de la escena visible y sirven de enlace inmediato con el mundo de fuera. Las primeras palabras que pronuncia la Criada insisten en esta relación de continuidad, no sólo espacial, sino también temporal (García Lorca, Francisco, 1981: 385-386):

> "*Ya* tengo el doble de esas campanas metido entre la sienes".

Y la réplica inicial de la Poncia, que viene de ese espacio exterior y se refiere a lo que allí sucede, reproduce el mismo juego:

"Llevan *ya* más de dos horas de gori gori. han venido curas de todos los pueblos. La iglesia está hermosa. En el primer responso se desmayó la Magdalena".

El sonido de las campanas une acciones y espacios, pero simboliza también la continuidad de unos valores compartidos dentro y fuera de la casa, que son los valores propios de la sociedad ritualizada, inmovilizada y estancada en la tradición con la que Bernarda se identifica y cuyas normas tratará de imponer a sus hijas. En el mismo sentido han de entenderse las "campanadas lejanísimas" que tocan para el rosario al comienzo del Acto Tercero y las que, fuera ya del tiempo representando, doblarán tras la muerte de Adela: significativamente, Bernarda reprimirá en esta ocasión el llanto de sus hijas, es decir, la manifestación natural del dolor, después de haber ordenado que "al amanecer den dos clamores de campanas", expresión convencional, social, que el reconocimiento público del dolor exige, actitud que recuerda la que había adoptado con Magdalena poco antes de iniciar el responso por el difunto Antonio María Benavides:

"¡Magdalena, no llores; si quieres llorar te metes debajo de la cama (es decir, donde nadie te vea)"

El sonido de las campanas, que proyecta hacia el exterior los límites del espacio escénico, pone de manifiesto que el espacio cerrado decretado por Bernarda no está desconectado del pueblo, sino que es, como dice Ruiz Ramón (1986: 93), el doble visible de otro mundo exterior igualmente cerrado, basado en la apariencia, la tradición, etc., es decir, simboliza la primacía de lo social sobre lo natural, de lo colectivo sobre lo individual.

Función similar desempeñan los ladridos de los perros -símbolos de la agresión exterior (Durand, 1982: 78-79; García Posada, 1981)- que vigilan y acechan fuera de la casa, como las gentes del pueblo, y como dentro de ella se vigilan y acechan las mujeres encerradas. En este contexto adquiere sentido una expresiva frase popular de Bernarda que, refiriéndose a las gentes, dice que ahora no pueden criticar a la familia porque "no hay carne donde morder". Los perros, como Bernarda, son guardianes del umbral- "Están ladrando los perros". "Debe haber pasado alguien por el portón"- y, como Martirio, están en continuo y angustioso acecho. De ellos dirá María Josefa en el Acto Tercero: "Yo tengo que marcharme, pero tengo miedo que los perros me muerdan". Recuérdese, además, que son los perros los delatores de la hija de la Librada, que ha matado a su hijo y lo ha escondido debajo de unas piedras, pero "unos perros con más corazón que muchas criaturas lo sacaron, y como llevados por la mano de Dios, lo han puesto en el tranco de su puerta".

La continuidad entre el espacio cerrado de la casa y el resto del pueblo se hace patente de nuevo cuando la Poncia cuenta a Bernarda la conversación de los hombres que hablaban de Paca la Roseta:

BERNARDA

(...) *(Con curiosidad.)* ¿De qué hablaban?

LA PONCIA

Hablaban de Paca la Roseta. Anoche ataron a su marido a un pesebre y a ella se la llevaron en la grupa del caballo hasta lo alto del olivar.

BERNARDA

¿Y qué pasó?

LA PONCIA

Lo que tenía que pasar. Volvieron casi de día. Paca la Roseta traía el pelo suelto y una corona de flores en la cabeza.

BERNARDA

Es la única mujer mala que tenemos en el pueblo.

LA PONCIA

Porque no es de aquí. Es de muy lejos. Y los que fueron con ella son también hijos de forasteros. Los hombres de aquí no son capaces de eso.

BERNARDA

No; pero les gusta verlo y comentarlo y se chupan los dedos de que esto ocurra.

LA PONCIA

Contaban muchas más cosas.

BERNARDA. *(Mirando a un lado y otro con cierto temor.)* ¿Cuáles?

La curiosidad de Bernarda, que se manifiesta en el tono, el gesto y la palabra, la identifica con la actitud que ella misma atribuye a los hombres del pueblo. Como ellos, goza de la murmuración y le gusta verlo, y comentarlo, y se alegra de que eso ocurra. De nuevo se observa una relación de complementariedad entre la casa de Bernarda y el resto del pueblo, mientras que ese fuera que está "muy lejos" -Paca la Roseta es de muy lejos, y los que se fueron con ella son también hijos de forasteros-, y al que se asocia el caballo, el olivar, el pelo suelto, la corona de flores en la cabeza, símbolos de la *inclinación,* por utilizar una palabra significativa en el contexto de la obra de Lorca, se opone tanto al pueblo como a la casa de Bernarda. Ahora bien, como Bernarda conoce a las gentes, porque es igual que ellas, se defiende y protege tras los muros de la casa:

"¡Andar a vuestras casas a criticar todo lo que habéis visto! -exclama al despedirse del duelo-. ¡Ojalá tardéis muchos años en pasar el arco de mi puerta!"

Y en otro momento recordará con dureza a sus hijas:

"Todavía no soy anciana y tengo cinco cadenas para vosotras y esta casa levantada por mi padre para que ni las yerbas se enteren de mi desolación".

El enclaustramiento que Bernarda ha decretado tras la muerte de su segundo marido constituye una garantía de seguridad frente a los otros, frente al pueblo, y también frente a lo otro, es decir, frente a ese mundo lejano y desconocido asociado a las fuerzas del instinto. Entre la casa y el pueblo se establecen, simultánea o alternativamente, relaciones de complementariedad y de oposición, y, a su vez, la casa y el pueblo se oponen a ese otro espacio exterior lejano, pero, como veremos enseguida, existen también relaciones de continuidad ente esos espacios (véanse los comentarios al respecto de Ruiz Ramón, 1986: 93-95).

Al final del Acto Segundo, "se oyen rumores lejanos", "se siente crecer el tumulto" y, por último, "fuera se oye un grito de mujer y un gran rumor". El espacio visible de la escena se ha perforado de nuevo hacia el exterior por medios sonoros, y también a través de las palabras de la Criada y la Poncia, que vienen de fuera y traen noticias de lo que allí sucede (1). Cuenta la Poncia que "la hija de la Librada, la soltera, tuvo un hijo no se sabe con quién... y para ocultar su vergüenza lo mató y lo metió debajo de unas piedras (...) Ahora la quieren matar. La traen arrastrando por la calle abajo, y por las trochas y los terrenos del olivar vienen los hombres corriendo, dando unas voces que estremecen los campos".

Hay tres aspectos de este episodio que resultan especialmente significativos:

1) En primer lugar, Bernarda detiene bruscamente el movimiento hacia fuera iniciado por sus hijas, perfecta visualización espacial del conflicto que las mujeres viven en el interior de la casa:

BERNARDA. *(A la Poncia.)*

> ¡Corre a enterarte de lo que pasa! *(Las Mujeres corren para salir.)* ¿Dónde vais? Siempre os supe mujeres ventaneras y rompedoras de su luto. ¡Vosotras, al patio!

2) Entretanto, bajo el arco de la casa -es decir, dentro-, los gritos de Bernarda sintonizan, como un eco prolongado, con la violencia del gentío:

BERNARDA

> Sí, que vengan todos con varas de olivo y mangos de azadones, que vengan todos para matarla. (...) Y que pague la que pisotea su decencia. (...) !Acabad con ella antes que lleguen los guardias! ¡Carbón ardiendo en el sitio de su pecado! (...) ¡Matadla! ¡Matadla!

Y también Martirio, en este momento del proceso argumental, se identifica con los valores de su madre y las gentes del pueblo:

MARTIRIO

> Sí, y vamos a salir también nosotras.
>
> (...) ¡Que pague lo que debe!

Bernarda actúa desde el horizonte de las gentes y por eso sabe hasta qué punto hay que temerlas porque el orden establecido reside en la opinión de los otros, y en él ha de discurrir toda vida personal, individual, es decir, Bernarda no impone su propio orden sino el orden social que ella representa. Ella es la Ley y su bastón -arquetipo de omnipotencia (Durand, 1982: 117)- la simboliza. Y ese orden, como la honra, se sostiene en el criterio de las gentes; de ahí esa actitud de vigilancia y hostilidad hacia el pueblo y esa casa alzada como fortaleza para ella y como cárcel para sus hijas, que también se acechan y vigilan entre sí.

3) Por último, también dentro de la casa, Adela se identifica con la víctima. El gesto de cogerse el vientre, que simboliza por medios lúdicos el conflicto dramático, y el doble "No" frente al "¡Matadla! ¡Matadla! " de su madre, establecen una continuidad con los valores prohibidos de ese otro mundo lejano, semejante a la que se establece entre Bernarda y las gentes. Adela no se enfrenta sólo con su madre, en el interior de la casa, sino también con el pueblo: "Seré lo que él quiera que sea. todo el pueblo contra mí quemándome con sus dedos de lumbre, perseguida por los que dicen que son decentes" (2).

En suma, todo parece indicar que el conflicto que las mujeres viven en el interior de la casa, esa lucha entre el instinto y la represión social, es el mismo que fuera de esos muros -pero también entre muros- viven las gentes del pueblo. Así ha de entenderse el episodio de la hija de la Librada, "perseguida por los que dicen que son decentes", mientras Prudencia -parcialmente incómoda con la moral al uso-, se lamenta de la intransigencia de su marido, que se peleó con sus hermanos por la herencia y que no ha perdonado a su hija.

También Pepe el Romano se inserta en ese mundo social en el que los matrimonios se deciden por asuntos de tierras y bienes, es decir, en el que las relaciones entre el hombre y la mujer responden simplemente al acatamiento de una función social. Recuérdese que Bernarda rechazó a Enrique Humanas porque su padre fue gañán, y Pepe el Romano pretende a Angustias, la mayor de las hermanas, por ser la heredera del primer marido de Bernarda. "Viene por e. dinero", dice Magdalena en el Acto Primero; "Por tus dineros", "Por tus marjales y arboledas", añadirán Adela y Martirio en el Acto Segundo.

Ahora bien, Pepe el Romano, como las mujeres de la casa, y como el difunto Antonio María Benavides, que levantaba las enaguas de su criada en el corral, también se mueve por la fuerza de sus inclinaciones: "Vino por el dinero -recuerda Adela a Martirio-, pero sus ojos los puso siempre en mí. " Y eso es, efectivamente, lo más natural, tal como expresa Magdalena en el Acto Primero:

"Pepe el Romano tiene veinticinco años y es el mejor tipo de todos estos contornos. Lo *natural* sería que te pretendiera a ti, Amelia, o a nuestra Adela, que tiene veinte años...".

Y en el Acto Segundo la Poncia insistirá en lo mismo:

LA PONCIA

(...) ¿A ti no te parece que Pepe estaría mejor casado con Martirio o..., ¡sí! con Adela?

BERNARDA

No me parece.

LA PONCIA

Adela. ¡Esa es la verdadera novia del Romano!

BERNARDA

Las cosas no son nunca a gusto nuestro.

LA PONCIA

Pero les cuesta mucho trabajo desviarse de la verdadera *inclinación* (...)

Es decir, un poder que está por encima de la voluntad del individuo. "¡Martirio! ¡Martirio! -dirá Adela-. Yo no tengo la culpa". Y a la Poncia, en franco desafío: "No por encima de ti, que eres una criada, por encima de mi madre saltaría para apagarme este fuego que tengo levantado por piernas y boca". (Un fuego que trae a la memoria las palabras de Bernarda "Carbón ardiendo en el sitio de su pecado", "quién tuviera un rayo entre los dedos", o las mismas de Adela "todo el pueblo contra mí persiguiéndome con sus dedos de lumbre", es decir, el principio activo que da la vida o la destruye, que arde y quema, el fuego represor y la pasión).

Vamos a ver ahora, en perfecta relación con esta antinomia, la pasión y el castigo, cómo de ese fuera lejano los personajes reciben la llamada del amor, de la libertad, pero también de la muerte.

Efectivamente, a ese doble espacio cerrado que es la casa y el pueblo -uno dentro, en escena, otro fuera-, pero igualmente cerrados, llegan las llamadas del espacio abierto que en el texto se designa como "lejos, muy lejos": el campo, el olivar, el río, la orilla del mar, y también las calles, en otras obras de Lorca. De él proceden los cantos de los segadores que en el Acto Segundo traen una llamada masculina de amor y de libertad, aunque también de muerte.

Muchacha granadina en un jardín.

Se oyen primero unos campanillos lejanos, como a través de varios muros, que acentúan la sensación de aislamiento y enclaustramiento de la casa, subrayada también por la monotonía de los diálogos y por las acotaciones que diseñan el espacio lúdico requerido:

MAGDALENA

      Son los hombres que vuelven al trabajo.

LA PONCIA

      Hace un minuto dieron las tres.

MARTIRIO

      ¡Con este sol!

ADELA. *(Sentándose.)*

      ¡Ay, quién pudiera salir también a los campos!

MAGDALENA. *(Sentándose.)*

Cada clase tiene que hacer lo suyo.

MARTIRIO. *(Sentándose.)*

¡Así es!

AMELIA. *(Sentándose.)*

¡Ay!

Los segadores vienen de los montes y son de muy lejos, como Paca la Roseta, y también se llevaron al olivar a una mujer vestida de lentejuelas, como los hombres se llevaron a Paca la Roseta. Los segadores traen cantos de vida, de invitación al amor y a la libertad:

CORO

Ya salen los segadores
en busca de las espigas;
se llevan los corazones
de las muchachas que miran.
*(Se oyen panderos y carrañacas. Pausa. Todos oyen en un
silencio traspasado por el sol.)*
(...) (Muy lejano.)
Abrir puertas y ventanas
las que vivís en el pueblo,
el segador pide rosas
para adornar su sombrero.

El valor fálico del sombrero destaca aquí el valor erótico que tiene la rosa, el femenino floral típico de Lorca: Paca la Roseta regresa del olivar "con el pelo suelto y una corona de flores", Adela entrega a su madre "un abanico redondo, con flores rojas y verdes", y María Josefa, en la última escena del Acto Primero, aparece ataviada "con flores en la cabeza y en el pecho", mientras expresa su deseo de tener "un varón para casarse y para tener alegría". Este motivo de las guirnaldas o coronas de flores, que se asocia al grito de libertad, a ese poderoso instinto vital y sexual en rebeldía contra la norma, también adquiere connotaciones de represión, sacrificio y muerte: Bernarda rechaza violentamente el abanico que le entrega su hija; María Josefa es violentamente arrastrada hacia su cuarto y Adela, haciendo caso omiso de las normas sociales, le dice a Martirio en el Acto Tercero: "Y me pondré delante de todos la corona de espinas que tienen las que son queridas de algún hombre casado". En esta corona descubrimos el trasfondo cristológico del personaje de Adela (Martín, 1986), su papel de víctima, y una manifestación más de la antinomia fundamental que recorre la obra: vida/muerte, Eros/Thanatos.

En efecto, la llamada al amor de los segadores es también una llamada a la muerte, que ellos simbolizan, como los leñadores de *Bodas de sangre*. Y también el olivar, lugar de acoplamiento, de amor, el lugar al que se han llevado a la mujer de lentejuelas y a Paca la Roseta, se asocia a la muerte al final del Acto Segundo, cuando los hombres vienen del olivar para perseguir a la hija de la Librada: "Sí, que vengan todos con *varas de olivo* y mangos de azadones -exclama Bernarda-, que vengan todos para matarla". Dos afirmaciones de la Poncia insisten en esta misma antinomia. De ellos dice la Poncia que son como "árboles quemados", y a uno de ellos lo ve "apretado como una gavilla de trigo". La imagen del árbol quemado puede ponerse en relación con el doble sentido del fuego, principio que arde y destruye (Alvar, 1988), pasión -"este fuego que tengo levantado por piernas y boca"- e interdicto -"carbón ardiendo en el sitio de su pecado", "persiguiéndome con sus dedos de lumbre", etc.-. Y la imagen del trigo -"apretado como una gavilla de trigo"-, también se asocia en el texto de Lorca a las fuerzas del instinto -"¡Echadlo!, que se revuelque en los montones de paja", "¡Estaba con él! Mira esas enaguas llenas de paja de trigo"- y a la muerte, subrayada aquí por el color verde de los ojos del segador, que adquiere connotaciones similares en toda la obra (recuérdese, por ejemplo, el verde del vestido de Adela). En este sentido han de interpretarse las palabras de María Josefa para referirse a Pepe el Romano: "Todas lo queréis. Pero él os va a devorar porque vosotras sois granos de trigo".

La antinomia amor/muerte también se asocia a las puertas y ventanas a las que los segadores se refieren en sus cantos, en los que adquieren una significación sexual acorde con la función que estos espacios limítrofes desempeñan en la casa. Las ventanas son lugares de apertura y cierre, de llamada al amor y a lo prohibido. Hacia ellas corren presurosas las hijas de Bernarda cuando la criada avisa de que Pepe el Romano viene por lo alto de la calle:

MAGDALENA

¡Vamos a verlo! *(Salen rápidas.)*

CRIADA *(A Adela.)*

¿Tú no vas?

ADELA

No me importa.

CRIADA

Como dará la vuelta a la esquina, desde la ventana de tu cuarto se verá mejor. *(Sale.)*

(Adela queda en escena dudando; después de un instante se va también rápida hasta su habitación.)

Tras la ventana esperó Martirio inútilmente en enaguas la llegada de Enrique Humanas, y Adela la de Pepe el Romano: "¿Por qué te pusiste casi desnuda con la luz encendida y

111

la ventana abierta al pasar Pepe el segundo día que vino a hablar con tu hermana?". También la Poncia se refiere a los encuentros amorosos con su marido tras las rejas:

> Era muy oscuro. Lo vi acercarse y al llegar me dijo: "Buenas noches." "Buenas noches", le dije yo, y nos quedamos callados más de media hora. Me corría el sudor por todo el cuerpo. Entonces Evaristo se acercó, se acercó que se quería meter por los hierros, y dijo con voz muy baja: "¡Ven que te tiente!" *(Ríen todas.)*

Y en relación con esta significación sexual hay que entender las continuas prohibiciones y acusaciones de Bernarda (Laffranque, 1973; Domenech, 1986: 304-310; Balboa, 1986): las ventanas son barreras que subrayan la imposibilidad de alcanzar ese mundo exterior que se ofrece a través de ellas, y de ahí que se asocien, en el espacio lúdico, al movimiento iniciado y su brusca detención:

BERNARDA *(A la Poncia.)*

> Corre a enterarte de lo que pasa. *(Las mujeres corren para salir.)* ¿Dónde vais? Siempre os supe mujeres ventaneras y rompedoras de su luto. ¡Vosotras, al patio!

En toda la obra de Lorca, como ha visto Inés Marful (1990), las ventanas son la tópica de la transgresión, que se inaugura en las farsas. Belisa perpetra su adulterio a través de cinco balcones abiertos, al fondo de los cuales quedan, como estilización de lo viril, cinco sombreros (Freud, 1973: I: 562-562). En el *Amor de don Perlimplín con Belisa en su jardín,* el encuentro amoroso entre el títere y un amante se produce a través de la ventana abierta de Belisa. La negación del símbolo la encontramos en *Doña Rosita la soltera,* en la que, tras su renuncia definitiva, abandona la casa dejando como símbolo de su frustración erótica el balcón abierto. Y en *El público,* drama por excelencia de la introspección erótica, tanática, "las ventanas (que presiden la escena inicial) son radiografías".

Las puertas (Bachelard, 1965) desempeñan una función coincidente. Cuando Adela acusa a su hermana Angustias ante la madre, dice: "La he visto asomada a la rendija del portón", y la reacción inmediata de Bernarda revela el sentido que adquiere el mismo y el móvil de Angustias y Adela: "¿Es decente que una mujer de tu clase vaya con el anzuelo detrás de un hombre el día de la misa de su padre?".

Lo mismo puede decirse de la puerta del corral, en el que está el caballo garañón, y en el que tienen lugar los encuentros amorosos de Adela con Pepe el Romano. Representa, en el interior de la casa, ese ámbito lejano de los instintos, de la inclinación, y de ahí que su puerta también aparezca como llamada y amenaza, como transgresión y límite. A esa puerta se acercará Martirio en el Acto Tercero presintiendo el encuentro de Pepe y Adela, que enfrentará a las hermanas y desencadenará la tragedia final.

La relación simbólica entre las puertas y la muerte ya se establece desde que Bernarda ingresa con las mujeres del duelo por la puerta en arco de la entrada a la casa, mientras que por el portón trasero, fuera del ámbito visible de la escena, penetran los hombres hasta el patio. La puerta de entrada no volverá a abrirse sino para el duelo de la hija muerta, fuera ya de la acción representada, y el diálogo insiste en el carácter definitivo del ingreso y salida de las mujeres del pueblo, subrayando así la relación simbólica mencionada: "¡Ojalá tardéis muchos años en pasar el arco de mi puerta!". Recuérdese también el acecho de las hermanas tras las puertas de sus respectivos cuartos en el Segundo Acto y al final del mismo, momento en el que Bernarda defiende como un reducto la puerta de salida frente al movimiento de sus hijas y, finalmente, la puerta que hay derribar para descubrir el cuerpo de Adela, la hija que ha traspasado el umbral prohibido.

Por último, como ejemplo muy expresivo de esas fuerzas o llamadas que llegan desde fuera, comentaremos el episodio del caballo garañón, del que se trata dos veces en el Acto Tercero. La primera, cuando golpea contra los muros mientras las mujeres conversan en el patio interior de la casa:

PRUDENCIA

(...) *(Se oye un gran golpe dado en los muros.)*
¿Qué es eso?

BERNARDA

El caballo garañón, que está encerrado y da coces contra el muro. *(A voces.)*
¡Trabadlo y que salga al corral! *(En voz baja.)* Debe tener calor.

PRUDENCIA

¿Vais a echarle las potras nuevas?

BERNARDA

Al amanecer.

La conversación se reanuda hasta que se oye de nuevo el golpe, que produce en las mujeres una reacción exagerada, un temor desproporcionado, que pone de relieve justamente la intensidad de los golpes: "¡Por Dios!" -dice la Poncia-. Y Prudencia añade: "Me ha retemblado dentro del pecho". La orden de Bernarda a los gañanes destaca aún más esta impresión de fuerza incontrolable: "Pues encerrad las potras en la cuadra, pero dejadlo libre, no sea que nos eche abajo las paredes...".

De todos los estímulos exteriores ninguno es tan significativo como el del caballo, con toda el aura simbólica sexual, fálica, que es constante en la obra de Lorca.

La correspondencia del caballo con Pepe el Romano es obvia. Amelia dice de él: "Lo sentí toser y oí los pasos de su jaca", y en la última escena del Acto Tercero, cuando Bernarda regresa después de disparar contra Pepe, refiere que éste "salió corriendo en su jaca". También hay una correspondencia entre el caballo y Adela. Cuando Martirio dice en el Acto Segundo que la noche anterior le pareció oir gente en el corral, Amelia supone que sería "una mulilla sin desbravar", y Martirio responde "entre dientes y llena de segunda intención": "Eso, eso. Una mulilla sin desbravar", en una clara alusión a Adela. Y, en fin, el corral es, como hemos dicho, el espacio común a las citas de Pepe y Adela, y al caballo garañón. La fuerza del caballo, la intensidad de los golpes, simboliza la urgencia del deseo, el poder del instinto, un poder capaz de romper los muros de la casa, y es totalmente congruente con la rebeldía de Adela, que actúa empujada por un impulso que no puede dominar:

> "¡Aquí se acabaron las voces de presidio! *(Adela arrebata el bastón a su madre y lo parte en dos.)* Esto hago yo con la vara de la dominadora. No de usted un paso más. En mí no manda nadie más que Pepe".

Es decir, la *inclinación* que la conduce a la muerte. Y efectivamente, también recaen sobre el caballo dos significaciones opuestas, acordes con la antinomia amor/muerte que recorre el intertexto de Lorca:

ADELA

El caballo garañón estaba en el centro del corral ¡blanco! Doble de grande, llenando todo lo oscuro.

AMELIA

Es verdad. Daba miedo. Parecía una aparición.

ADELA

Tiene el cielo unas estrellas como puños.

MARTIRIO

Esta se puso a mirarlas de modo que se iba tronchar el cuello.

La imagen del caballo blanco tiene, efectivamente, el valor de un presagio, y se asocia en el texto al gesto de Adela al mirar el cielo, anticipación de su ahorcamiento, de la muerte por estrangulación, es decir, de la castración simbólica que capitaliza el sentido profundo de la obra.

En resumen, al espacio abierto designado como "lejos, muy lejos" (campo, río, mar, calles), ese espacio del que los personajes reciben la llamada o la amenaza de la libertad y el amor, pero que también simboliza el mundo de la muerte ligada al interdicto, se opone un espacio cerrado, visto como fortaleza o como cárcel, según los personajes, situaciones, etc., que se semiotiza escenográficamente por los gruesos muros que cierran la casa. Pero ese espacio cerrado no se identifica con la escena, porque en casas igualmente cerradas se producen idénticos conflictos, y también porque dentro de la casa, y asimismo fuera de escena, existen espacios de enclaustramiento, como el de María Josefa, y de transgresión, como el corral. A partir de la oposición inicial dentro/fuera se produce, como anticipábamos, una auténtica fuga de espacios, una heterotopía absolutamente congruente con el dinamismo de los conflictos y antagonismos, es decir, con los espacios dramáticos del texto.

NOTAS

(1) Como ha advertido Francisco García Lorca (1981: 379), se trata de un rasgo característico del tratamiento del espacio en la obra de Lorca. La escena es con mucha frecuencia un lugar de tránsito: un personaje viene de un lugar no visible, dramatizado por la acción, hacia un lugar visible, que también está vivo dramáticamente, o a la inversa.

(2) Adviértase la coincidencia entre las palabras de Bernarda -"Carbón ardiendo en el sitio de su pecado"- y las palabras de Adela -"Todo el pueblo contra mí, quemándome con sus dedos de lumbre"-. Sobre el simbolismo represor o castrador del fuego, el castigo sexual por excelencia en el intertexto lorquiano, véase: Marful Amor, I., *Lorca y sus dobles. Aproximación psicoanalítica al drama lorquiano*, en prensa.

REFERENCIAS BIBLIOGRÁFICAS

ALVAR, M. (1988), "Los cuatro elementos en la obra de García Lorca", en ALVAR (Coord.), *Homenaje a Federico García Lorca*, Málaga, Ayuntamiento de Málaga.

BALBOA ECHEVARRIA, M. (1986), *Lorca: el espacio de la representación*. Barcelona. Ediciones del Mall.

BOBES, M. (1987), *Semiología de la obra dramática*. Madrid. Taurus.

BOGATYREV, P. (1971), "Le signe au théâtre". *Poétique*, 8 (517-530).

DOMENECH. R. (1986), "Realidad y misterio" en *Cuadernos Hispanoamericanos*, 433-34 (293-310). Madrid.

DURAND, R. (1982), *Las estructuras antropológicas de lo imaginario*. Madrid. Taurus.

FREUD, S. (1973), *Obras completas I*, Madrid. Biblioteca Nueva.

GARCIA LORCA, F. (1981), *Federico y su mundo*. Madrid. Alianza Editorial.

GARCIA POSADA, M. (1981), *Lorca, interpretación de "Poeta en Nueva York"*. Madrid. Akal.

HONZL, J. (1971), "La mobilité du signe théatral", en *Travail Théatral*, 4 (5-20).

INGARDEN, R. (1971), "Les fonctions du langage au théatre", en *Poétique*, 8 (531-538).

JANSEN, S. (1984), "Le role de l'espace scénique dans la lecture du texte dramatique. Quelques observations sur un modele du genre dramatique et sur *le Sei personaggi in cerca d'autore* de Pirandello", en SCHMID, H. KESTEREN, A. (eds.). *Semiotics of drama and theatre. New perspectives in the theory of drama and theatre*. Amsterdam/Filadelfia, John Benjamin Publishing Company (254-289).

KOWZAN, T. (1969), "El singo en el teatro", en ADORNO y otros. *El teatro y sus crisis actual*. Caracas. Monte Avila.

--- (1975), *Littérature et spectacle dans leurs rapports esthétiques, thématiques et sémiologiques*. La Haye-Paris. Mouton.

LAFFRANQUE, M. (1973), "Puertas abiertas y cerradas en la poesía y el teatro de Federico García Lorca", en GIL, I. M. (Ed.), *Federico García Lorca*. Madrid. Taurus (249-270).

LOTMAN, Y. (1.973), *La structure du texte artistique*. Paris. Gallimard, N.R.F.

MARFUL AMOR, I. (1990), *Lorca y sus dobles. Interpretación psicoanalítica de la obra dramática y figurativa*. Universidad de Oviedo. Tesis doctoral inédita.

MARINIS, M. de (1982), *Semiótica del teatro. L'analisi testuale dello spettacolo*. Milano. Bompiani.

MARTIN, E. (1986), *Federico García Lorca, heterodoxo y mártir*. Madrid. Siglo XXI.

PAVIS, P. (1984), *Diccionario del teatro*. Barcelona. Paidós.

RUIZ RAMON, F. (1986), "Espacios dramáticos en *La casa de Bernarda Alba*". *Gestos*. 1(87-100).

UBERSFELD, A. (1974), *Le roi et le Bouffon*. Paris. Corti.

--- (1978), *Lire le théatre*. Paris. Editions Sociales.

--- (1981), *L'ecole du spectateur. Lire le Théatre II*. Paris . Editions Sociales.

VELTRUSKY, J. (1977), *Drama as Literature*. Lisse. The Peter Ridder Press.